MOI, STÉPHANIE, FILLE DISTILBÈNE

STÉPHANIE CHEVALLIER
avec Céline Chaudeau

MOI, STÉPHANIE, FILLE DISTILBÈNE

FIRST
Editions

Moi, Stéphanie, fille Distilbène

60, rue Mazarine
75006 Paris – France
Tél. : 01 45 49 60 00
Fax : 01 45 49 60 01
Courriel : firstinfo@efirst.com
Internet : www.editionsfirst.fr

ISBN : 978-2-7540-1892-0
Dépôt légal : 4e trimestre 2010
Imprimé en France
Par l'Imprimerie Floch
778 avenue Gutenberg
BP 5
53101 Mayenne Cedex

Ouvrage dirigé par Benjamin Arranger
Édition : Juliette Legros
Secrétariat d'édition : Tiphaine Maudry
Mise en page : ReskatoR

À Romain, Damien et Anaëlle,
et aux 160 000 autres.

Chapitre 1

Le jour où tout a basculé

> « Est-ce que j'ai actuellement des patientes dont les mères ont pris du Distilbène ? Oui… Peut-être. Et alors ? »
>
> Réponse de six gynécologues sur dix interrogés par *Marie Claire*, en 2000

Je n'ai jamais rêvé d'écrire un livre sur mon utérus.

C'est une histoire qui m'est tombée dessus il y a dix ans. J'étais chez moi en train de feuilleter un magazine féminin pour me détendre. En couverture de *Marie Claire*, une jolie brune, la crinière au vent, m'invite à « ressusciter mes cheveux » et à agrémenter ma garde-robe à « petits prix ». Dire que je pensais me changer les idées ! C'était jusqu'à ce que je m'arrête sur une double page consacrée à la « stérilité en héritage ». À 26 ans, j'aimerais ne pas me sentir concernée par la question. Mais je ne peux m'empêcher de lire l'article…

Même si je ne cherche pas encore à devenir mère, je sais que, le moment venu, ce sera délicat. Je suis née avec un utérus abîmé. Je n'ai jamais eu mes règles. J'ai tout le temps mal au ventre. La faute à une malformation sévère que j'ai découverte à l'adolescence.

Je vais comprendre que c'est plus grave et plus compliqué que cela.

Même si je n'ai pas envie d'entendre parler de stérilité, je sais que je dois lire cet article. Et il va changer ma vie. C'est une enquête consacrée à l'« affaire Distilbène ». Le quoi ? Jamais entendu parler...

À la base, c'est une « molécule miracle », le diéthylstilbestrol, inventée en 1938 par un chercheur anglais et commercialisée en masse sous divers noms aux États-Unis et partout dans le monde à partir de 1948. En France, le médicament sera surtout vendu sous la marque Distilbène par UCB Pharma. Les laboratoires et les médecins se sont emballés pour une hormone de synthèse révolutionnaire censée prévenir les fausses couches et les naissances prématurées. Ces comprimés ont été prescrits à environ 200 000 femmes enceintes en France. C'est très tardivement, en 1977, qu'ils ont été interdits, après la découverte de leurs effets toxiques. Dès 1971, le médicament est retiré de la vente aux États-Unis. On comprend alors que le « DES » – c'est le nom couramment utilisé pour « diéthylstilbestrol » – cause en réalité des cancers et de graves malformations génitales. Des milliers de jeunes filles exposées à cette molécule dans le ventre de leur mère souffrent de stérilité ou multiplient les fausses couches. Voilà ce que je découvre en lisant cet article. Comment une fille de ma génération, à 26 ans et avec tous les problèmes qu'elle a, peut-elle ne pas être au courant ? Apparemment, c'est un sujet embarrassant pour les médecins. L'auteure de l'article a appelé dix gynécologues au hasard dans l'annuaire et retranscrit la réponse type donnée par six d'entre eux : « Est-ce que j'ai actuellement des patientes dont les mères ont pris du Distilbène ? Oui... Peut-être. Et alors ? » La preuve que c'est courant. Et qu'on n'aime pas en parler.

Soudain, j'ai peur de ne pas avoir d'enfants. Le magazine a également interrogé deux femmes que je ne connais pas et que je ne rencontrerai jamais. Leur histoire va m'émouvoir et m'inquiéter. Mais m'éclairer aussi.

Catherine, 35 ans, a su qu'elle était touchée à l'adolescence. Comme moi, elle souffre d'une anomalie au niveau de l'utérus. À l'âge de 16 ans, elle a appris que sa mère avait pris du Distilbène pendant sa grossesse. Sa gynécologue la prévient que ce sera compliqué pour elle d'avoir des enfants. Dès sa première grossesse, elle fait une fausse couche : son col s'est ouvert dès le cinquième mois. La fois suivante, dès le troisième mois, elle subit un cerclage (une technique consistant à resserrer le col de l'utérus), elle reste alitée à partir du quatrième mois et suit un traitement lourd pour éviter les contractions. Malgré toutes ces précautions, elle a péniblement accouché d'un enfant prématuré à sept mois et demi de grossesse.

Sylvie, 30 ans, a appris son exposition par hasard, comme moi. Elle, c'était en écoutant la radio. Puis elle a interrogé sa mère, qui s'est rappelée avoir pris trois comprimés de Distilbène par jour à partir du troisième mois de sa grossesse jusqu'à l'accouchement. La jeune femme passe à l'hôpital une hystérographie qui révèle que son utérus est atrophié et que ses trompes sont bouchées. Rapidement, des cellules précancéreuses sont décelées sur le col de l'utérus. Après avoir tenté une première fécondation *in vitro* qui n'a pas marché, elle a décidé de porter plainte contre le laboratoire. Je ne saurai jamais si elle a gagné ni si elle est devenue maman.

Je comprends que moi non plus, je n'aurai peut-être jamais de ventre rond…

Pourquoi les médecins ne m'en ont-ils jamais parlé ? Je crois que j'ai entendu le mot « Distilbène » employé une fois, dans le cabinet d'une médecin généraliste. Elle s'était interrogée tout haut. Comme je ne savais pas ce que c'était à l'époque, je n'avais pas réagi et nous étions vite passées à autre chose. Ce bref échange m'est revenu en lisant l'article de *Marie Claire.* Les gynécologues et spécialistes que j'ai vus, eux, n'ont jamais évoqué cette hypothèse, j'en suis sûre. Et pourtant, les histoires de Catherine et Sylvie m'ont tout de suite semblé affreusement familières. Ce jour-là, deux inconnues m'ont révélé ce qu'aucun médecin n'avait su ou osé me dire clairement. Grâce à elles, j'allais peut-être enfin mettre un mot sur mes souffrances. Un mot grave, sans doute. Un diagnostic sans appel, peut-être. Peu importe. J'étais déterminée à comprendre, à découvrir la vérité. Je me rappelle avoir pensé : « Tiens, voilà enfin une piste qu'on n'a pas explorée sérieusement, et une piste qui semble concerner beaucoup de femmes… »

J'ai posé le magazine et j'ai téléphoné à ma mère.

Je suis allée droit au but.

« Maman, est-ce que par hasard tu te rappelles avoir pris un médicament du nom de "Distilbène" pendant ta grossesse ?

— Oui, oui, je me souviens d'en avoir pris. »

Elle n'a pas hésité une seconde avant de me répondre. Ma question ne semble même pas l'avoir surprise. Elle ne l'a pas davantage soulagée. Ma mère m'a répondu par l'affirmative d'un ton neutre, détaché, comme si je lui avais parlé de mon appendicite. Elle a juste ajouté : « Ça ne sert à rien de remuer le passé. » Même si elle n'ignore rien de mes problèmes gynécologiques ni de mon désir d'enfant, elle préfère tourner la page, semble-t-il. Apparemment, elle a compris ce qui ne va pas depuis un moment, sans oser m'en parler, elle non plus. Pourquoi ce silence ? J'apprendrai rapidement que c'est un sujet terriblement douloureux pour toutes les mères concernées. Elles ont pris un médicament pour devenir mamans, et leurs enfants risquent d'être privés de ce bonheur.

C'est épouvantable.

Je m'appelle Stéphanie, j'ai aujourd'hui 36 ans, et je suis « fille Distilbène ».

*

Malgré des dizaines de tentatives, fécondations *in vitro* et autres programmes de procréation médicalement assistée, je n'ai jamais pu concevoir ni porter un enfant. Ce n'est pas ma faute, je suis née comme cela. C'est pour cette raison que je n'ai jamais eu mes règles. Quand j'étais ado, on me disait que je ne « voulais pas grandir » pour couper court à toute conversation. Face à certaines choses de la vie, on n'est pas très loquaces dans la famille.

À l'âge de 19 ans, après une cœlioscopie, j'ai appris que j'étais née avec une grave malformation au niveau de l'utérus. Une aplasie utérine : deux hémi-utérus, borgnes et très latéralisés, et un col inexistant. En d'autres termes un utérus pas fini, séparé en deux parties. Inutile. On ne m'a jamais dit que je n'aurais pas d'enfants. Juste que ce serait « très compliqué ». Mais « peut-être opérable ». Des mots auxquels j'ai décidé de m'accrocher. J'ai toujours voulu y croire : il suffit qu'une porte soit légèrement entrouverte pour que je tente, à n'importe quel prix, de me frayer un passage.

Durant des années, j'ai essayé, essayé, et encore essayé. Je me suis d'abord prêtée à une opération lourde, douloureuse et inédite. Un éminent professeur a tenté de reconstruire mon utérus. Mission accomplie. Sur le papier, du grand art. Techniquement, tout semblait parfait, comme neuf. Seulement je n'ai toujours pas vu poindre mes règles ni la moindre grossesse à l'horizon.

Quand je me suis mariée avec Damien, nous avons multiplié les tentatives pour fonder une famille. Je ne compte plus les échecs. Les fois où j'ai retenu mon souffle en attendant les résultats. Mon cœur qui bat la chamade pour rien. Négatifs, encore, négatifs, toujours. À chaque fois, le même vent de panique qui se loge dans le sternum. À chaque fois, on se réchauffe le cœur en se disant que, la prochaine fois, on aura forcément plus de chance ! Malheureusement pas. Et puis, un jour, il faut bien se dire qu'il n'y aura pas de prochaine fois, qu'on doit essayer d'arrêter. Arrêter d'essayer. C'est dur.

Parmi mes proches, beaucoup n'ont pas compris mon obstination. Combien m'ont dit de lâcher l'affaire, de tourner la page ou qu'il était temps de penser à l'adoption ?

Beaucoup. Je savais qu'il existait d'autres solutions. Je n'avais absolument rien contre un enfant venu d'ailleurs. Je rêvais d'une famille nombreuse, de concevoir des enfants et d'en adopter aussi, si possible. Je savais que j'allais sans doute devoir explorer des voies différentes pour essayer de devenir maman. Malgré tout, je refusais de me résigner sans me battre. Je ne pouvais pas accepter une fatalité que je ne comprenais pas.

*

Depuis que le Distilbène est entré dans ma vie, je suis passée par tous les états : soulagement, incompréhension, tristesse, colère... Au début, étrangement, j'ai été apaisée de comprendre, d'identifier enfin la raison de mes problèmes de santé. Je suis donc une « fille DES » comme on dit, une femme marquée à vie par ces trois lettres, par la molécule que ma mère a ingérée pendant sa grossesse. Je devais absolument savoir quelle était l'origine de ma malformation utérine et de mon éventuelle stérilité. La chape de plomb qui pesait sur mon dossier médical s'est levée, et je me suis sentie moins seule. Rapidement, j'ai même trouvé une association susceptible de m'aider. Sur les 160 000 victimes estimées, beaucoup, comme moi, ont ressenti le besoin de comprendre, de parler, de se battre. Ensemble. J'ai rencontré une vraie communauté de filles, avec des symptômes similaires et animées par une même cause. J'ai découvert une génération sacrifiée par la faute d'un même médicament. Une molécule miracle censée aider des femmes à devenir mères et qui, au final, priverait peut-être leurs filles du bonheur d'enfanter à leur tour. Rapidement, mon soulagement s'est mué en tristesse, puis en colère. Est-ce ma faute si je ne peux pas avoir d'enfants ? Non. Est-ce celle de ma mère ? Non plus. Pendant de longues années, des laboratoires ont vendu un médicament dangereux et on les a laissés faire.

Ce n'est pas la première fois. Le thalidomide, un autre médicament prescrit aux femmes enceintes, a déjà entraîné de graves séquelles chez nombre de bébés. Cette molécule, synthétisée en Allemagne de l'Ouest en 1953, a été commercialisée par la firme Chemie Grünenthal dès 1957 en Europe, en Asie, en Australie, en Amérique et en Afrique. Ce médicament censé prévenir les nausées matinales des femmes enceintes a été interdit en 1961 après qu'on a observé de graves malformations, internes et externes, survenues chez des enfants pendant leur vie fœtale. Comparés à ceux qu'a causés le Distilbène, les ravages du thalidomide ont été circonscrits relativement tôt.

Malheureusement, je ne suis ni la première ni la dernière victime d'un scandale sanitaire. Je le sais. J'en ai connu d'autres. Adolescente, j'ai été bouleversée, comme tant de Français, par l'affaire du sang contaminé. Au début des années 1980, alors que les modes de transmission du sida sont encore mal connus, des milliers de victimes – des hémophiles essentiellement – contractent le virus après une transfusion sanguine. On a appris par la suite que des centaines de ces contaminations auraient pu être évitées si on avait mieux sélectionné les donneurs et contrôlé certains stocks suspects. À qui la faute ? « Responsable mais pas coupable », résume Georgina Dufoix, alors ministre des Affaires sociales.

À l'âge de 20 ans, comme tant d'autres, en plein scandale de l'encéphalopathie spongiforme bovine, j'ai hésité à manger du bœuf à cause de la « maladie de la vache folle ». Face à l'épizootie qui a touché des dizaines de milliers de bovins au Royaume-Uni en quinze ans, on s'interroge sur une transmission de l'animal à l'homme après avoir détecté au sein de la population une nouvelle forme de la maladie de Creutzfeldt-Jakob. Je ne sais pas s'il s'agissait de protéger avant tout les consommateurs ou nos agriculteurs, mais la France a vite fait jouer le principe de précaution et imposé un embargo sur les produits bovins anglais en attendant la fin de la crise.

Pendant mes années de fac, j'étais étudiante à Paris, à Jussieu. Je me souviens d'avoir bénéficié d'une semaine de vacances imprévue parce qu'un plafond gonflé d'amiante menaçait de s'effondrer. Il paraît pourtant que la toxicité de cet isolant est connue depuis le début du XXe siècle ! On doit ce dangereux statu quo à un lobby d'industriels, apparemment. Ce n'est qu'en 1997 que l'amiante est interdit, mais le mal est fait : selon un récent rapport du Sénat, ce matériau sera responsable de dizaines de milliers de cancers et de décès jusqu'en 2030…

En 2008, j'ai suivi, dans la presse, le procès de l'hormone de croissance. De 1960 à 1988, des centaines d'enfants ont reçu de dangereuses substances fabriquées à partir d'hypophyses humaines. En 1985, pourtant, les États-Unis et une douzaine de pays, alertés sur les conséquences, interdisent l'hormone d'extraction, lui préférant celle de synthèse. La France attendra trois ans. Trop tard : 115 patients décèdent des suites de la maladie de Creutzfeldt-Jakob.

Tout le monde a entendu parler des affaires que je viens de citer. Beaucoup s'en sont émus, moi la première. Ces scandales ont été largement médiatisés. Des dizaines de livres leur ont été consacrés. Et pourtant, sur le Distilbène, rien. Ou si peu, que nombreux sont ceux qui n'ont jamais entendu parler de cette molécule.

Martin Winckler, médecin et écrivain, a publié *Mort* in vitro, un livre inspiré par l'affaire du DES et de la thalidomide. C'est un roman. Un livre policier dont certains rebondissements m'ont paru plus que familiers. Charlie Lhombre, un jeune interne, s'interroge sur le mystérieux décès de cinq femmes qui ont toutes pris un même médicament imaginaire, la Pronauzine. Ce puissant antivomitif est censé aider des patientes à surmonter leurs débuts de grossesse difficiles. Il est dérivé d'une molécule qui a été largement diffusée en Amérique du Nord avant d'être interdite. Cela ne vous rappelle rien ? Sauf que dans cette histoire, un visiteur médical, salarié du puissant (et tout aussi imaginaire) groupe pharmaceutique WOPharma, affiche son scepticisme : « Moi, j'ai pas envie de me retrouver dans cinq ans avec une nouvelle affaire du thalidomide... », s'inquiète le personnage. Un pharmacologue qui risque de parler est assassiné. Parce que « le labo savait, mais il avait décidé de se taire », explique le narrateur. Martin Winkler confirme à la fin de l'ouvrage que son roman « reprend certains éléments des histoires édifiantes et réelles du thalidomide et du Distilbène, de sinistre mémoire ». « Du fait de la multiplication exponentielle des médicaments expérimentés et commercialisés dans le monde, accuse l'auteur, et malgré les contrôles internationaux en matière de produits pharmaceutiques, les accidents médicamenteux sont toujours d'actualité, surtout quand les substances commercialisées sont destinées à des utilisateurs nombreux. »

*

J'ai écrit ce livre parce qu'il en existe très peu sur le sujet. Car moi aussi, j'ai cherché à éclaircir un grand mystère. Je raconte une enquête, la mienne, aux sources de ma propre souffrance. Quand ma mère m'a confirmé avoir pris du Distilbène, j'ai même réussi à retrouver le gynécologue qui lui en avait prescrit pendant sa grossesse. Comme il exerçait encore, j'ai pris rendez-vous, comme n'importe quelle autre patiente, sans lui révéler le véritable motif de ma visite. Je voulais voir sa réaction quand je lui parlerais de ce médicament désormais interdit, quand je lui exposerais mes grandes difficultés à concevoir un enfant. Même si je ne mettais nullement en doute les propos de ma mère, j'espérais qu'il me confirmerait à son tour, les yeux dans les yeux, lui avoir donné du Distilbène.

Il y a vingt ans, quatre courageuses victimes ont décidé de porter plainte contre les laboratoires. Une première en France ! Elles se sont accrochées pendant quinze ans, mais leur combat n'a pas été vain. Deux d'entre elles ont gagné. Depuis, d'autres ont trouvé la force de les imiter. Je pense à Nathalie, Ingrid, Catherine, Marie-Élise et Hélène, dont j'ai suivi les procédures judiciaires. Avec elles, à chaque fois, j'ai retenu mon souffle en attendant la décision du tribunal. Ensemble, nous avons vécu des moments de découragement mais aussi partagé de grandes joies. Grâce à elles, je sais aujourd'hui qu'il est possible de mettre les laboratoires face à leurs responsabilités. Moi aussi, j'y ai pensé, j'en ai eu besoin, et je me suis lancée…

En essayant de comprendre ce qui m'était arrivé, j'ai appris que je n'étais pas seule et que j'avais bien été plongée, malgré moi, au cœur d'un immense scandale sanitaire méconnu. J'ai compris que nous étions 160 000 en France : des femmes, des hommes, des enfants, victimes de la même molécule, à des degrés divers. Dans mon livre, il y a des morts aussi. Certaines victimes ont développé un cancer de l'utérus et ne sont malheureusement plus là aujourd'hui pour en témoigner. La plupart présentent des malformations gynécologiques. À moi, comme à d'autres, on dira qu'il faut penser à faire le « deuil de l'enfant biologique ». Nous n'avons pas mérité cela. Pour moi comme pour les autres, j'ai besoin qu'un tabou soit levé et que justice soit rendue.

J'ai passé ma vie à m'expliquer mon histoire, j'ai tout fait pour devenir mère, et je ferai tout pour obtenir réparation. Ce long chemin vers la vérité, la maternité et la justice est pavé de révélations, de surprises, de difficultés, de moments de découragement. Mais aussi, et heureusement, de moments de félicité.

Il faut se battre, il faut y croire.

Ce n'est pas un roman. Ceci est une histoire vraie.

Chapitre 2

Une puberté qui dérange

« C'est tellement mystérieux, le pays des larmes. »

Antoine de Saint-Exupéry,
Le Petit Prince

J'ai grandi très vite.

Dans mon premier souvenir, j'ai 8 ans. La pluie tambourine à la fenêtre et je suis dans ma chambre, perchée sur le lit superposé que je partage avec ma sœur Amélie, d'où je domine mon ennui comme je peux. De ma petite enfance, il ne me reste presque rien à part une poignée de photos, une chaise blanche à ma taille et mon vieux cheval à bascule. Aucune nostalgie en tout cas. Je me souviens de l'appartement où j'ai grandi à Paris, près de la place d'Italie. Je me souviens des longs week-ends qui s'étiraient dans notre maison de campagne de Combres, en Eure-et-Loir. Je me souviens que, partout, je voulais être ailleurs.

Les livres sont mon refuge le plus précieux, un moyen de m'évader à portée de main. Je me promène avec Fantômette, le Club des Cinq ou la malicieuse Alice détective.

Dans mes rêves, je suis aux côtés de Julien Sorel, de Frédéric Moreau, de la princesse de Clèves… J'ai grandi dans des bibliothèques qui changent de couleur avec l'âge : rose, verte, blanche… Je suis une petite demoiselle Bovary. Depuis mes 10 ans, je consigne mon ennui dans un journal intime. Mon plus fidèle confident est un carnet que je cache sous mon oreiller.

À qui d'autre pourrais-je parler de ce profond malaise chevillé au cœur ? Ma sœur Amélie a trois ans de moins que moi, elle est trop petite. Mes parents vivent dans leur monde d'adultes. Je suis une enfant polie, bien élevée, sans plus. Je me sens comme un meuble posé là, au milieu des jolis trésors de brocante chinés par mes parents. À l'école, j'ai de bonnes notes, ce qui m'isole encore davantage. Il m'arrive d'envier ma sœur, qui a besoin de plus d'attention. Je ne suis pas une « enfant à problèmes », comme on dit. Si on le dit…

À la maison, mon père travaille beaucoup. Souvent, il corrige des copies que je m'amuse parfois à classer par ordre alphabétique. C'est un homme discret et cultivé, fils d'ambassadeur et enseignant en droit et sciences politiques à l'université. Ma mère, elle, ne tient pas en place. C'est une femme exubérante animée par un tempérament méditerranéen hérité de son enfance en Tunisie. Professeure d'anglais et de français dans un lycée professionnel, elle est souvent ailleurs. Depuis que je suis adolescente, elle consacre son temps libre à la politique. Je me suis souvent demandé ce que mes parents avaient en commun. Des circonstances de leur rencontre, j'ignore tout. La seule chose que je sais, c'est qu'ils se sont mariés un an avant ma naissance. J'ai calculé que mes parents avaient tous les deux 33 ans quand ils m'ont eue. Petite, je les trouvais « vieux » par rapport aux parents des copains.

Je m'interroge. Pourquoi ma mère a-t-elle pris du Distilbène ? Il semblerait qu'elle ait fait une fausse couche avant de m'avoir. Je n'en sais pas davantage, c'est un sujet tabou chez nous. Je ne peux que supposer que c'est la raison qui l'a amenée à prendre ces comprimés. J'imagine également que cette souffrance aurait pu nous rapprocher, mais ma mère peine à en parler. Comme beaucoup de mères que j'ai rencontrées, peut-être culpabilise-t-elle. Le drame de cette histoire, c'est que beaucoup de femmes ont pris du Distilbène comme on avalerait de la vitamine C. J'imagine que ma mère en a pris tout bêtement parce qu'on lui en avait prescrit. Parce que « ça ne pouvait pas faire de mal », selon la formule si couramment employée. Elle n'avait aucune raison d'en douter... Quand j'ai rencontré son gynécologue, il m'a confié qu'il avait prescrit beaucoup de DES à des femmes hyperactives qui n'avaient pas forcément le temps de rester alitées. C'est ainsi que j'imagine ma mère pendant sa grossesse. Enceinte, sans doute heureuse de l'être, mais courant toujours à droite et à gauche...

Ma mère a voulu être une femme moderne, une battante. À condition d'élever des enfants qui la laisseraient vivre sa vie. Même si j'en ai souffert dans mon enfance, je lui dois certainement mon indépendance et ma détermination. Disons que, grâce à elle, je suis devenue rapidement autonome – joli euphémisme pour dire que j'ai appris très tôt à me débrouiller seule.

Heureusement, dans mon enfance, je peux toujours compter sur mes deux grands-mères pour veiller au grain et au goûter. Elles viennent nous chercher, Amélie et moi, à l'école deux fois par semaine. Le lundi, c'est « mamie de Tunis ». Elle cuisine toujours des spaghettis, j'adore ! À 8 ans, c'est mon plat préféré, évidemment. Le temps passe vite, comme avec « mamie de Vence », que je vois le jeudi. Avec elle, on joue au Scrabble ou aux cartes. Le mercredi, je suis gardée par un baby-sitter avec ma cousine Laura. J'aurais aimé avoir encore plus de cousins, une grande famille, des tablées animées. C'est surtout à Noël que ça me manque. Je rêve de fêtes où les enfants se bousculent autour du sapin et déchirent leurs papiers cadeau dans les rires et la joie. Chaque année, je fais le même vœu : je serai maman très jeune et j'aurai au moins trois enfants !

Mon enfance n'a pas été difficile. Et pas très gaie non plus. Un « ciel bas et lourd » qui « pèse comme un couvercle », écrivait Baudelaire. La nuit, la lune de Musset, « comme un point sur un *i* », ponctue mon ennui.

En fait, je n'ai guère aimé être enfant. En y repensant, je me revois enfermée dans une bulle en attendant que ça passe. Je ne peux pas trop me plaindre : matériellement, je ne manque de rien. J'ai plein de jouets et de livres à disposition qui suffisent à m'occuper. À l'école, même si je joue avec les autres enfants, je ne cherche pas vraiment à me faire des amis. Je constate que je m'ennuie avec mes camarades de jeu. À la maison, je ne cours pas davantage après les sorties en famille. D'une certaine façon, j'aime ma solitude. Une fois seulement, dans mon souvenir, j'ai demandé à mon père de m'emmener à la Cité des sciences de la Villette à Paris. Tout compte fait, je préfère la compagnie de mes chats. Il y a eu Manon, notre petite siamoise d'abord, puis Hassouna, ma persane noire aux yeux jaunes. Leur ronronnement m'apaise pendant que je bouquine. Contrairement à moi, ma sœur adore la télé. À l'adolescence, Amélie aura même un poste dans sa chambre. Chacun vit sa vie. J'ai presque l'impression d'habiter à l'hôtel. On se croise sans vraiment se parler. C'est plus de la cohabitation qu'une vraie vie de famille. Ma mère est très mondaine, toujours affairée, souvent ailleurs. Nous passons rarement du temps ensemble tous les quatre. Même pendant nos week-ends à la campagne, mes parents invitent toujours du monde. Je fuis le bruit et les bavardages. Je suis une enfant renfermée, silencieuse, qui n'aime pas être en représentation. On doit dire de moi : « Stéphanie est si calme, si bien élevée. » Et pourtant, je bous à l'intérieur. Peut-être ai-je fait une sorte de crise d'adolescence avant l'âge, précoce et silencieuse. Personne ne s'est vraiment posé la question. À partir de mes 12 ans, je demande à rester seule à la maison le week-end. Mes parents acceptent. On me laisse vivre ma vie.

Il me manque quelque chose, mais quoi ?

*

C'est une idée de Joan, ma seule véritable copine. Elle vient de rejoindre les scouts de France. Son visage s'anime quand elle évoque ses sorties, ses camps, tous ses nouveaux amis. Mes parents, sans doute agréablement surpris par mon enthousiasme, acceptent de m'inscrire pour que je me fasse une idée. À 12 ans, je deviens officiellement une jeune scoute avec son petit pantalon beige et sa chemise bleue. J'ai de l'allure quand je revois les photos ! Je regarde encore ces clichés avec tendresse. C'est exactement ce qu'il me faut à l'époque. Je le prends comme un défi : moi, la petite citadine, je vais me frotter au grand air, sentir l'odeur de la terre mouillée après la pluie, écouter les oiseaux pépier dans les arbres. Je me reconnais dans des valeurs comme la solidarité, l'entraide et l'amitié. Soudain j'aime vivre en groupe, marcher, chanter, rire. Ce sont des plaisirs auxquels je goûte à chaque fois que je suis avec mes amis scouts.

Un peu plus tard, je m'amuse à organiser des fêtes dans la maison de campagne de mes parents lorsqu'ils me la prêtent. Mon horizon s'élargit au fil des ans. C'est l'âge des premiers flirts, aussi. Comme tout le monde, j'ai vu *La Boum*, avec Sophie Marceau. Il paraît que je lui ressemble, même si je refuse de couper mes cheveux au carré comme elle ! Pendant nos soirées, il y a toujours quelqu'un pour passer « Reality » de Richard Sanderson, la chanson du film. *Met you by surprise, I didn't realize*... Dès les premières notes, les garçons et les filles orchestrent leur approche timide. Je danse mes premiers slows très chastes, bras tendus et regard dans le vague. Le jour arrive fatalement où j'embrasse un garçon pour la première fois. Je ne sais même plus son prénom, juste que j'avais reçu un gage en jouant à « action ou vérité ». Comme les autres filles, j'ai fait mine d'être contrariée. Et, comme les autres, ça ne m'a pas trop déplu. Je suis donc presque une ado comme les autres.

Je grandis avec les scouts, et je les considère comme ma seconde famille. À l'âge délicat de la puberté, je suis chez eux. J'entends certaines filles à la poitrine rebondie – celles qui sont « en avance sur leur âge » – faire grand cas de leurs premières règles, réclamer des tampons à la cantonade. Je préfère fuir ce genre de conversation. Je n'ai rien à dire sur le sujet. J'ai toujours été plutôt menue pour mon âge, je le sais. Je me dis que mon tour finira bien par arriver. L'été, j'oublie sciemment de remplir la petite fiche rose sur les vaccins ou les règles, et on ne me pose aucune question. Mais plus le temps passe et plus je m'inquiète. Je veux saigner. Régulièrement, vers l'âge de 14 ans, je suis pourtant saisie de violentes crampes dans le bas-ventre. Au moins une fois par mois, sans qu'il se passe rien. Je ne comprends pas et je n'ai personne à qui en parler. Ma mère ? Surtout pas… Je n'évoque jamais les « choses de la vie » avec elle. Je préfère encore garder cette sensation pour moi. Quelque part, ces maux de ventre me rassurent, je crois. Il n'y a pas la moindre trace de sang dans ma culotte, pourtant je sens bien qu'il se passe quelque chose.

On se rassure comme on peut… Une seule fois, j'ai dû dire à ma mère que j'avais mal au ventre. En vain. Je me suis entendu répondre que ça allait passer, que ce n'était sans doute rien. Si je recommence, je sens qu'elle va encore me dire que c'est « dans la tête ». Elle dit souvent cela, ma mère. Elle ne supporte pas l'idée de la maladie. Pour les autres comme pour elle, d'ailleurs : je l'ai déjà vue partir enseigner… aphone. C'est peut-être une façon de se protéger, de ne pas affronter certaines réalités trop crues. La seule fois où j'ai évoqué mon « retard », elle a éludé le problème.

Ces adultes pensent donc que je ne veux pas grandir.

Pourtant, si.

*

À 16 ans et demi – et toujours rien –, j'ai enfin vu ma première gynécologue. Ma mère a quand même fini par me prendre un rendez-vous à l'hôpital Saint-Vincent-de-Paul à Paris. Un hasard ? J'ai appris bien plus tard que cet hôpital avait justement abrité, dans les années 1980, une des premières consultations pour les victimes du DES ! Quoi qu'il en soit, à cette époque, ma mère préfère encore me cacher mon exposition au Distilbène. Et si la gynécologue y a pensé, elle n'en a rien dit non plus.

Je ne garde pas un bon souvenir de cette consultation. Sans me demander mon avis, ma mère m'accompagne dans le cabinet du médecin. La gynécologue ne m'examine pas ni ne m'adresse vraiment la parole. Elles parlent entre elles. Entre adultes, comme si je n'étais pas là. Je subis cette conversation à laquelle je ne comprends rien. J'entends des mots barbares comme « aménorrhée primaire » (absence de règles, apparemment) ou « utérus de type impubère » (pas fini, quoi). J'ai pourtant tellement de questions à poser, mais par pitié, pas devant ma mère… Je suis timide et pudique. J'attends que le médecin me tende une perche qui ne viendra pas. Je comprends que je vais encore me noyer seule au milieu de mes questions. La gynécologue ne bronche pas. Dans ma tête d'adolescente résignée, j'ai l'impression d'assister à un rendez-vous vain, inutile. Le médecin nous raccompagne poliment vers la porte, moi et mon « utérus impubère ». Allez, la demoiselle doit encore grandir un peu. La gynécologue ne veut pas m'alarmer. Elle suggère seulement de reparler de tout cela dans quelques mois, « si les symptômes persistent ». J'aimerais avoir le courage de renverser ma chaise et de claquer la porte. Ce n'est pas mon genre. Dommage. À entendre tout le monde, il faut simplement attendre, attendre et encore attendre...

Ma première gynécologue me prescrit juste un peu de patience. Mais moi, j'ai déjà l'impression de perdre mon temps.

Pourquoi personne ne s'aperçoit-il que je ne suis plus une petite fille et qu'attendre ne servira à rien ? J'en suis intimement convaincue, mais jamais on ne me demande mon avis ! Je suis en colère contre tous ces adultes qui ne semblent ou ne veulent pas envisager que je souffre d'un vrai problème. En attendant, la puberté apparaît comme elle peut. L'été, on me taquine parce que je tiens à porter le haut de mon maillot, comme si je me drapais dans une fausse pudeur. J'ai peut-être l'âge, non ? Je m'aperçois que j'ai de plus en plus de peine à faire du sport ou à danser sans brassière. Finalement, je préfère acheter mon premier soutien-gorge toute seule, sans rien demander à personne. Un jour, dans un supermarché, j'ai fait faux bond à mes parents. J'ai couru au rayon lingerie et j'ai attrapé le premier modèle en coton blanc à ma taille. Je l'ai payé à une autre caisse avec l'argent de poche que j'avais économisé. À 16 ans, je porte mon premier « soutif » en cachette. Pour éviter les remarques, je veille à bien dissimuler les bretelles sous mes vêtements. Même pour m'épiler, comme les jeunes filles de mon âge, je préfère me cacher au fond d'un bain bien rempli. Je suis en train de grandir, et si personne ne semble vouloir le voir je le ferai seule, de mon côté !

Depuis un certain temps, je me compare à un « homard ». Dans leur livre *Le Complexe du homard*, Françoise et Catherine Dolto assimilent l'adolescent à un crustacé parce que, durant sa mue, le homard est particulièrement fragile et vulnérable. J'aime cette image : moi aussi, je veux devenir une femme et perdre ma carapace d'enfant. Je ne suis plus une petite fille. Je le sais, je le sens. Alors pourquoi n'ai-je toujours pas mes règles ?

*

Un an après notre premier rendez-vous, je suis retournée voir « ma » gynécologue. J'ai 17 ans et demi et toujours pas de saignements. Entre-temps, j'ai fait une échographie qui confirme que j'ai vraiment, pour le coup, un « utérus de type impubère ». Anormalement impubère. J'ai l'utérus d'une adolescente de 13 ans. On se rend bien compte qu'il y a un problème. Ma mère ne peut plus se murer dans l'idée que je ne veux pas grandir. Non, il va nous falloir à toutes les deux affronter la douloureuse réalité. Ma pathologie n'a rien de psychologique. Le médecin confirme et cesse enfin de dédramatiser. Il faut agir. Elle me prescrit du Luteran, sans m'expliquer pourquoi ni ce que c'est. Sans le savoir, je vais commencer à prendre… la pilule.

Je découvre que la communication n'est pas le point fort du corps médical. J'aurais aimé qu'on m'explique. Apparemment, la pilule contient une hormone proche de la progestérone qui devrait permettre de réguler mon cycle. Mais, six mois plus tard, les résultats ne sont toujours pas concluants. Il ne se passe rien alors que je continue d'avoir mal au ventre tous les mois. Que m'arrive-t-il ? La gynécologue me prescrit d'autres petits comprimés ronds et bleus. Une autre forme de pilule contraceptive, censée être plus efficace. Toujours rien… C'est grave, docteur ? On ne me dit rien. Si ce n'est que je dois pratiquer d'autres examens : puisque mon « aménorrhée persistante » perdure, il faudra envisager une cœlioscopie, c'est-à-dire une intervention chirurgicale à travers la cavité abdominale pour établir un meilleur diagnostic gynécologique.

Je devrais avoir peur. Au contraire, j'ai presque hâte de passer sur le billard, de savoir.

On n'est pas sérieux quand on a 17 ans ? Moi, si. Un peu trop, sans doute. Très vite, j'ai mûri. Avec mes problèmes de santé, je me suis rapidement intéressée aux questions liées à la procréation, comme si je me doutais déjà que la route serait longue, difficile, cahoteuse. Je n'ai pas vraiment les mêmes préoccupations que les jeunes de mon âge. Je rêve d'autre chose, sans trop savoir quoi. En classe de première littéraire, au lycée Montaigne, je m'inscris à des cours de théâtre proposés par Murielle Mayette, de la Comédie-Française. Grâce à elle, je vais assister gratuitement à des pièces et, surtout, visiter les coulisses du Théâtre-Français, découvrir l'univers des décors, des costumes, et rencontrer des comédiens passionnés. Je m'évade dans d'autres vies que la mienne. Pendant un an, nous avons étudié *George Dandin*, de Molière. Nous avons même joué la pièce, entre les quatre murs de notre lycée. J'ai interprété tous les personnages, y compris le rôle-titre de temps en temps. J'ai vu dans le théâtre un moyen de surmonter ma timidité et de vivre autre chose. Encore aujourd'hui, je garde une grande tendresse pour cette œuvre. La pièce se termine mal, Dandin est sans arrêt dupé, par tout le monde. Il essaie de s'élever au-dessus de sa condition sociale, en vain. Je me souviens encore de la fin de son monologue d'ouverture : « Ma maison m'est effroyable maintenant, et je n'y rentre point sans y trouver quelque chagrin. » Ce texte avait-il une résonance particulière, à l'époque ? Sans doute.

*

Pendant ce temps, je continue de m'échapper avec les scouts. Avec l'âge, je deviens pionnière (14-17 ans) puis compagnon, et enfin je choisirai d'encadrer les jeunes louveteaux. J'ai toujours aimé m'occuper d'enfants. Depuis toujours, je suis passionnée par les livres sur l'éducation. Au lycée, il suffisait que l'on étudie l'extrait d'un ouvrage sur le sujet pour que je me jette dessus ! *De l'éducation*, de Jean-Jacques Rousseau, et *Libres enfants de Summerhill*, d'Alexander Sutherland Neill, sont mes livres de chevet. Avec, bien sûr, *La Cause des enfants* et *La Cause des adolescents*, des classiques de Françoise Dolto.

Avec les enfants, je ne m'ennuie jamais. À 20 ans, je suis partie en Mauritanie, pendant un mois, pour participer à la construction d'un foyer dans le sud du pays. J'ai été bouleversée par ce voyage, par l'accueil et la générosité de nos hôtes. Pour moi, c'est un beau moment, inespéré, de réflexion dans le désert. Depuis quelques mois, je suis en quête de spiritualité. C'est une sensation étrange pour quelqu'un qui a été élevé dans un environnement plutôt laïque. Mon père est catholique et ma mère est juive, mais aucun des deux n'est pratiquant ni vraiment attaché à sa foi. Je n'ai reçu aucune instruction religieuse. Enfant, je n'ai jamais mis le pied dans une église ou une synagogue. Quand je m'inscris chez les scouts, mes parents me laissent pourtant m'investir dans un mouvement chrétien. À ma grande surprise, je suis assez séduite par cette nouvelle spiritualité. Je baigne soudain dans un milieu d'enfants baptisés que je commence à suivre à la messe. Je me surprends à les envier et même à leur mentir. Bien sûr que je suis baptisée comme eux ! Je me suis même inventé une date de baptême. Je n'ai pas l'impression de tricher, puisque je me suis forgé ma religion à moi. Je suis devenue « croyante », sans savoir en quoi exactement. Ce sont moins les cérémonies qui m'intéressent que l'idée d'une élévation. Je parle à Dieu – ou à une entité supérieure du moins – le soir, seule, dans mon lit. Souvent, je me réveille en pleine nuit. Il est trop tôt pour me lever. Alors je prie. Je prie pour devenir une fille normale, pour comprendre ce que j'ai. J'implore quelqu'un, n'importe qui. J'ai besoin de m'ouvrir à une âme bienveillante. L'été de mes 18 ans, j'ai même songé à me faire baptiser au Liban, où c'est apparemment plus simple, pendant des vacances avec mon amie Joan dans sa famille. Plusieurs fois, lors de veillées de

Noël, j'ai accepté la communion sans scrupule avec mes copains scouts de l'église Saint-Étienne-du-Mont à Paris. J'ai même commencé à porter une croix en cachette. Quand ma mère l'a découverte, elle a demandé à ma grand-mère de m'offrir une étoile de David. Finalement, j'ai préféré ne rien porter du tout. Comment leur expliquer que je ne me considère ni catholique ni juive ?

Je crois à ma façon, tout simplement. J'ai besoin de me raccrocher à quelque chose. Je ne veux pas me l'avouer, mais j'ai terriblement peur.

*

J'ai beaucoup prié à l'approche de ma cœlioscopie. Prié pour que tout se passe bien, que tout rentre dans l'ordre et qu'enfin on détermine ce que j'ai. L'intervention est prévue à l'hôpital Saint-Vincent-de-Paul, peu après mon dix-neuvième anniversaire, en juillet 1993. C'est angoissant, je n'ai jamais été opérée avant. Et j'y vais toute seule. Mes parents affirment qu'ils aimeraient être là… mais pas au point d'écourter leurs vacances à Nice, apparemment. Je crois qu'ils ne mesurent pas la difficulté de ce que je traverse. Ils m'ont demandé de repousser l'opération à l'automne pour pouvoir m'accompagner. Ils ne semblent pas comprendre que je ne peux plus attendre. Je préfère encore y aller seule.

C'est en rentrant de mon camp scout que je me rends à l'hôpital. Au programme, une anesthésie générale et deux nuits sur place. Le chirurgien m'explique la procédure. Une « optique », reliée à une caméra, sera introduite dans ma cavité abdominale à travers mon nombril. On injectera ensuite du gaz pour pouvoir soulever la paroi abdominale et observer. Une opération « très courante », me dit-il. J'ai hâte d'obtenir des réponses à mes questions.

Encore un peu de patience…

Le diagnostic tombe deux jours plus tard, le 28 juillet 1993. La gynécologue va droit au but : « Vous souffrez d'une vraie malformation, Stéphanie. » Elle ne l'a pas qualifiée de « petite » ni de « grave ». Elle m'a simplement décrit ce qu'elle avait observé : « Vous avez deux hémi-utérus borgnes et très latéralisés sans relation avec le col… » Autrement dit, une « aplasie utérine ». Un utérus incomplet, pas fini, sans col. Pour elle, c'est une grosse malformation de naissance.

Je ne sais pas si elle a pensé au Distilbène. À l'époque, j'ignore encore tout des ravages du DES. D'autres angoisses se bousculent dans ma tête. Une partie de mon cerveau engrange et encaisse cette explication cartésienne. Ceci explique cela, enfin ! Ils avaient tous tort et j'avais raison ! Non, je ne suis pas un bébé. Depuis tout ce temps, oui, je voulais grandir, désespérément ! Peut-être même que j'ai mes règles depuis longtemps, puisque la cœlioscopie semble indiquer que ma malformation empêche le sang de s'écouler. Voilà qui expliquerait mes maux de ventre ! Non, je n'avais pas rêvé, il s'agissait bien de maux de ventre liés aux règles comme les autres filles de mon âge.

Je ne suis pas si anormale que cela, alors ? Si, un peu quand même. Le soulagement cède vite le pas à l'inquiétude. C'est une sacrée malformation, quand même… Je demande immédiatement si c'est opérable. Elle-même n'en sait trop rien. Elle me répond que ma malformation n'est pas très courante. Elle n'en a jamais vu de pareille en tout cas... Je comprends que c'est sérieux. Malgré tout, je n'ose pas lui poser la seule question qui m'importe, l'interrogation qui me brûle les lèvres depuis toujours : « Est-ce que j'aurai des enfants, docteur ? » Non, je préfère me taire. J'ai bien trop peur de la réponse.

Je veux y croire. Il y a sûrement un espoir, une solution. Elle souhaite m'orienter vers un grand spécialiste, le professeur Bernard-Jean Paniel, au centre hospitalier universitaire de Créteil. C'est un « ponte » de la chirurgie réparatrice, dit-elle, le meilleur dans sa spécialité. D'avance, j'ai confiance en lui et en son talent. Il est sûrement très bon parce qu'il est très demandé. Je dois attendre quatre mois pour obtenir un rendez-vous, il n'y a pas de place plus tôt. J'ai hâte, tellement hâte.

« Avant cela, essayez de vous changer les idées », m'a conseillé la gynécologue. Facile à dire. J'ai retrouvé le journal intime que je tenais à l'époque. À la date du 30 juillet 1993, j'ai écrit : « Plus de deux mois que je n'ai rien écrit et, en relisant, j'ai envie de tout brûler. Allongée sur mon lit, je pense que lorsqu'on espère trop longtemps quelque chose, le choc risque d'être fatal. Trois jours d'hôpital pour y apprendre une anomalie de naissance brisant le sens de ma vie le plus important à mes yeux. J'aurais aimé y rester parce que c'est trop dur pour moi, tout le monde te dit que ce n'est rien mais [...] je ferais n'importe quoi, tout, pour effacer ce cauchemar, être une enfant comme les autres. Je sens à nouveau les larmes en moi et, toutes les nuits, je ne fais qu'y penser. Pourquoi faut-il que cela m'arrive ? »

Si j'ai toujours espéré, au fond de moi, j'ai vite compris aussi que, sans doute, je ne porterais jamais d'enfant. Rarement des vacances m'ont paru aussi longues. J'ai rejoint mes parents à Vence pour finir l'été en famille. J'ai abandonné mon visage juvénile à Paris. Cet été-là, j'ai les traits lacérés de tristesse. Ma famille, elle, m'a à peine interrogée sur mon opération. Malaise ou pudeur, je l'ignore. Je sais juste que c'est dur. J'ai tellement envie d'avoir des enfants et déjà tant de projets pour eux ! Chaque fois que j'entends une chanson ou une émission de radio qui parle de bébés ou d'enfants, j'ai les yeux qui brillent, et la prochaine crise de larmes est proche. « La mélancolie est une maladie qui consiste à voir les choses comme elles sont », dit joliment Gérard de Nerval. Je ne suis certainement pas d'excellente compagnie, je le reconnais. Et personne n'ose me parler de ce que je traverse. Je crois qu'on aborde le sujet dans mon dos. Je devine que les conversations sur cette « pauvre Stéphanie » s'interrompent quand j'entre dans une pièce.

Étrangement, je ne ressens aucune colère. Bien sûr, je promène un air lunaire qui n'est que le masque de mon désarroi. Je me fiche du temps splendide qu'il fait, mon horizon à moi est gonflé d'eau. Je ne vais pas très bien, c'est évident. Bien sûr, quelqu'un aurait pu m'envelopper de sa sollicitude. Mais non, dans ma famille, on met un couvercle sur ces choses-là. Je ne suis pas particulièrement en demande non plus. Si je suis honnête, je dois avouer que c'est une période d'isolement où je ne tends la main à personne. La maison de famille de Vence, près de Nice, contient des murs entiers de livres dans lesquels je me réfugie. Je suis seule avec ma tristesse et, d'une certaine façon, j'y trouve mon compte. J'ai 19 ans et j'ai l'impression que personne ne me comprend. Les autres doivent aussi se dire que je suis jeune, que je dramatise, que j'ai la vie devant moi pour m'inquiéter de ces choses-là. Ils ne comprennent pas que je suis pressée. Je n'ai même pas envie de me confier à Joan, qui est pourtant ma plus proche amie. En vérité, c'est une souffrance personnelle dont j'ai peine à parler. Je pense être la seule à savoir ce que je ressens. J'en suis persuadée, même.

Mais je sais que j'avais raison envers et contre tous ! Je n'ai jamais arrêté de grandir. Bien au contraire, j'ai sans doute eu mes règles comme toutes les filles vers 13 ou 14 ans, mais sans le savoir. Ma malformation m'a empêchée de constater les saignements. J'ai compris depuis comment c'était possible en observant des échographies réalisées à quinze jours d'intervalle : je saigne, mais le sang ne s'écoule pas et finit par se résorber naturellement au bout de deux semaines. Et surtout, ma souffrance n'a rien de psychologique. C'est une malformation de naissance, point. Je le sais maintenant, même si je n'ai personne avec qui en parler...

À quoi bon revenir sur le passé ?

Parce que j'en ai besoin.

Autour de moi, on m'engage plutôt à me tourner vers l'avenir. Je n'ai guère d'autre choix, de toute façon. Et j'ai encore l'espoir d'une solution. Mon rendez-vous avec le professeur Bernard-Jean Paniel est fixé au 13 novembre 1993. Je ne pense qu'à cela. S'il est le meilleur, comme on me l'a dit, il saura forcément quoi faire. C'est l'un des praticiens les plus réputés dans ce domaine en France. J'ai lu qu'il était spécialisé en matière de « chirurgie d'exérèse et réparatrice par voie vaginale, de prise en charge et cure chirurgicale des malformations de l'appareil génital féminin ». J'y crois.

Cette fois ma mère a quand même décidé de m'accompagner. Le professeur est un homme très courtois et paternel qui me donne du « ma petite Stéphanie » à tout bout de champ. Je suis pendue à ses lèvres. Même s'il s'exprime surtout au conditionnel, je retiens qu'il semble disposé à m'opérer : « Une opération paraît envisageable, dit-il. Seulement elle n'a jamais été pratiquée avant. »

Selon lui, on pourrait donc songer à opérer un jour, en sachant que ce serait une première. « Je n'ai vu que trois ou quatre cas comme le vôtre en France », précise-t-il en prenant un ton professoral. De son diagnostic alarmiste, je ne retiens que la note d'espoir. Il va m'opérer. Pas tout de suite – je n'ai que 19 ans –, mais quand je désirerai un enfant ce sera envisageable. Pendant les sept années qui vont suivre, je vais continuer à vivre en m'accrochant à ces mots. J'ai toujours su que je tenterais cette opération. Tant pis si rien n'est sûr, je suis déterminée à me battre. Il le faut. Jamais je ne regretterai d'avoir tout tenté pour donner la vie et sentir une grossesse s'éveiller en moi. Un grand professeur a promis d'essayer de reconstruire mon utérus ? Je suis prête à mettre la vie de mes futurs enfants entre ses mains.

Ma mère, qui a assisté au même entretien, est beaucoup plus fataliste que moi. En sortant du cabinet, elle a soupiré : « Tu n'auras qu'à adopter, Stéphanie. »

*

Cette année-là, j'ai vieilli plus qu'au cours de n'importe quelle autre année. Malgré mes minces espoirs, j'ai compris que la route vers la maternité serait longue et pleine d'embûches. Mais je ne sais toujours pas pourquoi j'en suis là, quelle est l'origine de tous mes maux. Personne ne m'a encore révélé que j'étais une « fille DES ». Avec le recul, je crois que tout le monde le savait, sauf moi. Ma mère déjà, bien sûr. Mais certains médecins aussi. Bien des années plus tard, j'apprendrai que, cette année-là, quelqu'un a inscrit le mot « Distilbène » sur mon dossier médical à l'hôpital Saint-Vincent-de-Paul. Je l'ai découvert par hasard, en consultant de vieux papiers. Un mot inscrit sur un dossier, un mot caché à celle qui souffre…

J'en veux au corps médical de ne pas avoir formulé cette hypothèse clairement devant moi. Une partie de moi en veut également à ma mère, à son silence. J'essaie de faire taire cette rancœur, car je sais qu'elle est aussi une victime. Nos rapports auraient-ils été plus simples s'ils n'avaient pas été pollués par le Distilbène ? Peut-être. Aujourd'hui encore, quand on se dispute, il lui arrive de dire : « Je sais que tu m'en veux à cause de ça. » Pourtant, au fond de moi, je ne lui en veux pas. Je suis sûre qu'elle en a beaucoup souffert, à sa façon. Elle s'est fait prescrire un médicament dont elle ne pouvait pas connaître les effets. Quand on prend un médicament pour avoir des enfants, ce n'est pas pour les priver à leur tour des joies de la maternité.

Quand je l'ai interrogée sur la question en 2000, elle m'a immédiatement confirmé avoir pris du DES. Elle le savait depuis toujours. Pendant tout ce temps, je me dis qu'elle a aussi dû gérer la situation, comme d'autres « mères DES ». Comme elle a pu.

*

Je m'appelle Stéphanie Chevallier et je suis née le 23 juin 1974 à Paris. Je suis une jeune femme moderne et féministe, fière d'être née l'année de la légalisation de l'avortement promulguée par Simone Veil. Je suis moins fière d'être née une année où des milliers de médecins ont continué à prescrire un médicament qui, lui, va m'empêcher d'enfanter. Je n'aurais jamais dû écrire ce livre. À l'époque où je suis née, depuis trois ans, on sait déjà, aux États-Unis, que cette pilule miracle est un leurre. Pire, qu'elle est dangereuse. Chez les enfants exposés au diéthylstilbestrol *in utero*, on a relevé des cas de cancers, mais aussi d'innombrables anomalies de la cavité utérine comme la mienne, responsables de fausses couches, de grossesses extra-utérines, voire de stérilité.

Le DES a été prescrit en France entre 1948 et 1977. Je ne suis pas la seule victime. Combien d'autres femmes dans mon cas partagent ma souffrance et ma colère ? Bien sûr que je souhaite, plus que tout, avoir des enfants. Mais je veux aussi savoir.

Je veux comprendre comment tout cela est arrivé.

Chapitre 3

Le Distilbène pour les Nuls

> « Diéthylstilbestrol, n. m. : Ce médicament est formellement contre-indiqué chez la femme enceinte car il peut entraîner dans la descendance : chez les garçons, des anomalies de l'appareil génital ; chez les filles en âge de procréer : des anomalies cervico-génitales, des anomalies utérines responsables de stérilité primaire ou d'accidents de la grossesse. »
>
> Extrait du dictionnaire médical *Vidal*, à partir de 1977

« Le Distil' quoi ? » C'est toujours un peu compliqué à expliquer.

La question est gentille, polie. En même temps, elle attend une réponse rapide, concise. Sans abuser de sa patience, si mon interlocuteur est très pressé, je résume en disant que c'est un médicament dangereux et interdit beaucoup trop tardivement. Qu'il a été prescrit à des millions de femmes enceintes dans le monde entre les années 1940 et la fin des années 1970 alors qu'il était profondément nocif pour les enfants qu'elles portaient. Et qu'aujourd'hui encore il est responsable de très nombreux cas de cancers, de malformations utérines et de stérilité. C'est une petite molécule en trois lettres, le « DES », abréviation chimique du diéthylstilbestrol. Un médicament miraculeux, croyait-on, mis sur le marché hâtivement en 1948 et interdit en France en 1977, six ans après les États-Unis. Cette molécule a été déposée par deux laboratoires en France sous deux marques, le Distilbène, médicament le plus vendu du laboratoire Ucepha (racheté depuis par UCB Pharma), et le Stilbœstrol, fabriqué par la firme Borne (aujourd'hui Novartis). En France, le DES aurait fait 160 000 victimes, affectées à des degrés divers après avoir été exposées à la molécule dans le ventre de leur mère.

*

L'histoire de cette petite pilule du bonheur est tragique. Mes « copines DES » pourront sauter ce chapitre : comme moi, elles connaissent tous les rebondissements de ce feuilleton médico-légal ! Pour les autres, c'est un peu long à résumer. Passionnant et terrifiant à la fois. C'est l'histoire d'une bombe. À retardement.

Les débuts de cette pilule ont tout d'un conte de fées. L'inventeur du Distilbène est un homme apparemment désintéressé. En 1938, le chercheur anglais Edward Charles Dodds invente un œstrogène de synthèse utilisable par voie orale, le diéthylstilbestrol. Il avait constaté que le taux d'œstrogènes dans les urines diminuait en cas de menace de fausse couche. Il en a donc conclu – à tort – que l'administration de sa molécule aux mères concernées éviterait de nombreux décès prématurés. Le DES, trois fois plus puissant que l'œstrogène naturel, va révolutionner la vie des femmes, croit-il. Sauver des vies *in utero,* quelle plus belle intention ? Grand prince, le savant, convaincu d'avoir changé la vie de millions de futures mères, ne dépose même pas de brevet, afin de rendre sa molécule accessible au plus grand nombre. Geste rarissime et *a priori* louable, mais terriblement dangereux en la circonstance : le DES n'étant ni breveté ni coûteux, il est extrêmement rentable pour l'industrie pharmaceutique. En 1947, la Food and Drug Administration (FDA), autorité sanitaire des États-Unis, approuve l'usage du DES pour prévenir les fausses couches. Le savant marketing des laboratoires fera le reste. Très vite, les différentes marques inondent le marché. En quelques années, le diéthylstilbestrol est commercialisé partout dans le monde par des laboratoires pharmaceutiques sous 325 noms différents. À partir de 1948, il est vendu en France par les futurs UCB Pharma et Novartis. Dès lors, les gynécologues vont proposer le produit en masse pour protéger les femmes enceintes de fausses couches spontanées. Sauf que le conte de fées va tourner au cauchemar. Ces femmes vivront heureuses, un temps. Et auront beaucoup d'enfants, malades.

Edward Charles Dodds s'était trompé. En toute bonne foi, certainement, mais il avait fait fausse route. Techniquement, un début de fausse couche se remarque à une baisse des œstrogènes éliminés dans les urines. D'où la décision de les remplacer. On n'a pas testé la méthode, mais elle semble logique. Sauf qu'elle est erronée. Dès 1953, une étude américaine prouve son inefficacité. Un grand accoucheur, le professeur William Dieckman, à Chicago, va procéder à ses propres tests. Il n'est pas convaincu de l'efficacité du DES pour éviter les fausses couches du premier trimestre et le prouve. Il organise deux études sur 840 patientes traitées par le DES et un groupe témoin de 800 femmes lambda. Résultat : le nombre de fausses couches est identique dans les deux groupes. Ses conclusions, parues dans l'*American Journal of Obstetric and Gynecology*, démontrent l'effet purement placebo du médicament : le DES n'a en réalité aucune influence sur les fausses couches. Cependant, la publication de ces résultats dans une grande revue scientifique ne parvient pas à freiner la course folle du médicament. Pire, en 1957, une publicité américaine recommande la marque DESPlex pour fabriquer « des bébés plus grands, plus forts »...

La France n'échappe pas à cette frénésie. À partir de 1952, le dictionnaire médical *Vidal* définit le diéthylstilbestrol comme un traitement contre « frigidité, stérilité, avortement habituel et menace d'avortement ». Personne ne s'interroge vraiment. « La France est atteinte par l'épidémie comme bien d'autres pays, bien plus que l'Angleterre, où les gynécologues n'ont jamais cru à son efficacité », se désole le professeur Émile Papiernik-Berkhauer, dans la préface du livre *Les Enfants du Distilbène.* Dans un autre excellent ouvrage, *Le Distilbène, trente ans après,* le professeur Roger Henrion, membre de l'Académie nationale de médecine, évoque une erreur d'interprétation de la part de Dodds, « la chute des œstrogènes due à la mort ovulaire étant la conséquence et non la cause des avortements spontanés ». Il décrit « une prescription débridée du médicament, largement influencée par une campagne parfaitement menée par le laboratoire ».

*

Une découverte a suscité chez moi un rire aussi désespéré que nerveux. Il faut le lire noir sur blanc pour le croire. J'ai appris, un jour, au hasard d'une lecture, que le DES aurait aussi servi à des éleveurs pour engraisser leur bétail. Pendant un temps. Jusqu'à ce que certains s'inquiètent des conséquences du DES sur leurs bêtes. En 1959, des visons d'élevage auraient perdu leur fourrure, et certains seraient même devenus stériles après avoir été nourris avec des croquettes à base de poulets élevés au DES. La réaction, dans ce cas, n'a pas tardé : par décret du 20 mars 1959, la FDA a interdit l'administration de diéthylstilbestrol aux volailles. Les poulets de batterie ont été protégés avant les femmes ! Les futures mères devront encore attendre douze ans aux États-Unis et quasiment vingt ans en France pour ne plus subir et surtout faire subir les ravages de cette molécule.

*

Il faudra attendre 1971 pour combattre les dangereuses idées reçues sur le DES. Cette année-là, Arthur Herbst, un gynécologue du Massachusetts General Hospital de Boston, diagnostique des adénocarcinomes à cellules claires du vagin chez huit filles âgées de 14 à 22 ans. Autrement dit, des cancers. Des cancers très rares qui n'étaient répertoriés que chez des personnes âgées jusqu'alors. Avant lui, personne n'avait jamais fait une telle observation chez des filles aussi jeunes. Surtout, il remarque que sept d'entre elles ont été exposées au DES *in utero*. C'est trop pour être une simple coïncidence. Constatant que leurs mères ont pris le médicament pendant leur grossesse, il ose émettre un doute sur les bienfaits du diéthylstilbestrol. Cette alerte conduit enfin la Food and Drug Administration américaine à interdire l'usage du DES pour des raisons obstétricales.

Aux États-Unis, les mères sont déjà sensibilisées. Pat Cody, l'initiatrice du mouvement DES Action outre-Atlantique, s'en souvient. Elle aussi a pris du DES pendant sa grossesse. Quand elle découvre les conclusions des travaux d'Arthur Herbst dans un article du *San Francisco Chronicle* en 1971, elle est bouleversée. Sa fille Martha est adolescente. Elle l'emmène d'abord chez un médecin, pour une « visite de routine », sans lui expliquer la raison exacte de ce rendez-vous. Elle révélera tout à Martha, trois ans plus tard, quand elle aura 18 ans. « Un jour, je suis entrée dans sa chambre et j'ai fermé la porte, confie Pat Cody dans son ouvrage *DES Action : From Anger to Action*, publié aux États-Unis par son association en 2008. Je lui ai annoncé que j'avais quelque chose à lui dire. J'étais émue et Martha a commencé à avoir peur. » En face de sa fille, Pat Cody ne sait pas comment aborder la question. Martha n'ignore pas que sa mère a eu du mal à tomber enceinte – dans sa famille à elle, on parle de ces choses-là. Pat a connu une fausse couche juste avant sa grossesse. « Alors, quand je suis tombée enceinte de toi, le médecin a craint que je ne mène pas ma grossesse à terme, poursuit Pat dans son livre, dédié à sa fille. Le docteur m'a donné des cachets, soi-disant pour éviter les fausses couches. J'en ai pris pendant les sept premiers mois. C'était du diéthylstilbestrol, du DES. Je n'y ai plus repensé jusqu'à ce que je lise un article sur le sujet. Maintenant, il paraît que certaines filles nées de ces grossesses ont des cancers de l'utérus… »

Martha a pleuré, mais elle a pris sa mère dans ses bras. Une semaine plus tard, la mère et la fille se sont rendues chez un spécialiste qui a détecté des cellules précancéreuses au niveau de son utérus. Il a formellement interdit à Martha de prendre une pilule contraceptive, persuadé que l'ingestion d'œstrogènes pouvait augmenter les risques. Hélas, il était incapable de prédire l'évolution de ces cellules. Martha était-elle condamnée à souffrir d'un cancer ? Aurait-elle des enfants ? À ce stade, le médecin n'en savait rien. Il ne pouvait rien lui promettre, sinon de l'examiner tous les six mois. Au moins, les deux femmes ont été rassurées qu'on les prenne au sérieux.

Logiquement, ce chapitre aurait dû s'arrêter là. Malheureusement, ce n'est pas le cas. Dire que je n'étais même pas née quand Pat Cody a été prévenue ! Pourquoi est-ce que personne ne s'est mobilisé en France ? Au moment où Pat Cody alertait sa propre fille, je biberonnais au Distilbène dans le ventre de ma mère. Ma mère n'aurait jamais dû en prendre. Les labos auraient dû réagir. Je n'aurais jamais dû être une victime… Je devrais être en train d'élever les trois enfants dont je rêvais plutôt que de vous raconter mon histoire et celle de milliers d'autres filles et garçons comme moi. Je sais aujourd'hui qu'on aurait pu m'épargner beaucoup de souffrances. En Europe, la Grande-Bretagne interdit le DES en 1973, la Belgique et les Pays-Bas en 1975, l'Irlande en 1976. C'est tardif, bien sûr, mais toujours moins tardif qu'en France. En France, c'est l'indifférence.

En 1977, six longues années après l'interdiction aux États-Unis, on lira enfin dans le *Vidal*, à propos du Distilbène : « Ce médicament est formellement contre-indiqué chez la femme enceinte car il peut entraîner dans la descendance : chez les garçons, des anomalies de l'appareil génital ; chez les filles en âge de procréer, des anomalies cervico-génitales, des anomalies utérines responsables de stérilité primaire ou d'accidents de la grossesse. » Tout est dit : une contre-indication absolue du DES pour les femmes enceintes. Une contre-indication qui a des années de retard, alors que l'information avait circulé d'un pays à l'autre bien plus tôt. J'en veux pour preuve que des médecins français ont refusé de le prescrire avant l'interdiction, au nom d'un principe de précaution. Le professeur Roger Henrion, membre de l'Académie nationale de médecine, confesse dans *Le Distilbène, trente ans après* avoir prescrit du DES alors qu'il était jeune gynécologue. Il se souvient de l'engouement général pour ce « médicament miracle » et de la pression des laboratoires. Mais il en a prescrit peu grâce à l'attitude réservée d'un de ses maîtres, le professeur Jacques Varangot, qui ne croyait pas en l'efficacité du produit. Trente ans après, il reçoit encore des appels de mères anxieuses qui souhaitent consulter leur dossier.

Le ministère de la Santé réagit finalement en 1977. Il ne peut plus nier l'évidence. Dès 1974, le docteur Jeanine Henry-Suchet propose sa première communication sur des cas d'adénoses vaginales (des cancers du vagin ou du col de l'utérus). La question est apparemment tellement embarrassante qu'à l'époque le *Journal de gynécologie* refuse de publier ses résultats... Mais d'autres voix s'élèvent. En 1975, l'équipe du professeur Jean Barrat étudie un des premiers cas français d'adénocarcinomes à cellules claires du vagin. Les conclusions sont évidentes : on relève davantage d'anomalies de l'utérus et de complications obstétricales chez les jeunes femmes dont les mères ont pris du diéthylstilbestrol. Les lésions évocatrices de l'exposition au DES *in utero* se précisent et apparaissent de plus en plus flagrantes. Doit-on continuer à prescrire du DES à la lumière de ces informations ? Il faut bientôt cesser de nier l'évidence...

Les études suivantes précisent la nature des risques encourus par les « enfants Distilbène ». En 1981, une troisième vague d'études américaines menée par Arthur Herbst démontre que les femmes exposées à ce médicament pendant leur vie intra-utérine présentent un risque élevé d'accidents de grossesse. En France, la gynécologue Anne Cabau confirme, en 1982, les conclusions de ses confrères américains en publiant la première étude française sur les anomalies utérines. Et, en 1983, le Collège national des gynécologues-obstétriciens mène de son côté une vaste enquête épidémiologique sur le devenir des grossesses des patientes exposées au DES *in utero.* Elle aboutit aux mêmes résultats qu'aux États-Unis : on observe 15 % de grossesses extra-utérines chez les « patientes Distilbène », contre 2 % chez les autres femmes, et 10 % de fausses couches au deuxième trimestre, contre 0,5 % habituellement. Enfin, 30 à 40 % des « filles DES » souffrent d'un problème d'infertilité. J'ai relu ces sombres conclusions plusieurs fois. Une « fille DES » *sur trois* risque d'être stérile et de ne jamais porter d'enfant à terme. Pourvu que ce ne soit pas moi. Pourvu…

*

Longtemps, je me suis demandé pourquoi j'avais lu si peu d'articles sur le sujet. J'ai découvert que l'affaire avait pourtant fait la une des journaux. Une fois. Le 16 février 1983, le quotidien *Le Monde* a publié un article titré : « Une monumentale erreur médicale : les enfants du Distilbène ». L'article est signé du docteur Claudine Escoffier-Lambiotte, la responsable de la rubrique médicale du quotidien, et fait état de la première enquête française sur les effets du Distilbène, conduite par le docteur Anne Cabau. L'affaire est reprise au journal de 20 heures d'Antenne 2. « Ce rapport vient aujourd'hui comme une bombe à retardement », annonce un jeune Daniel Bilalian aux commandes du JT. Anne Cabau intervient dans le reportage : « C'est en lisant des articles américains confrontant cela avec des cas cliniques que je me suis aperçue qu'en France nous avions des problèmes semblables. Pour les personnes concernées, on n'a pas d'opinion arrêtée. Pour les petites filles concernées, il y a eu quelques cas très rares de cancers, même en France, et surtout, ce qui nous préoccupe, ce sont des anomalies de la cavité utérine qui peuvent être responsables de fausses couches et d'accouchements prématurés ou de grossesses extra-utérines. Ces anomalies, on ne peut s'en rendre compte que chez des jeunes femmes en âge d'avoir un enfant. »

Malgré toute sa bonne volonté, Edward Charles Dodds s'était trompé. Il avait créé un médicament dangereux. L'inventeur du diéthylstilbestrol avait même tort sur toute la ligne : non seulement son œstrogène de synthèse ne servait à rien puisque la chute du taux hormonal précédant les fausses couches n'est pas la cause mais la conséquence de l'arrêt de ces grossesses, mais en plus la molécule a des effets irrémédiables et graves sur les enfants des mères qui l'ont ingérée.

Une consultation DES est mise en place à l'hôpital Saint-Vincent-de-Paul à Paris dans les années 1980. Car il faut bien maintenant sensibiliser et soigner les victimes. Seulement, on doit encore attendre 1989 pour que le ministère français de la Santé publie enfin la première brochure à l'attention des médecins sur la prise en charge des patientes. Cette brochure est envoyée aux praticiens en pleine affaire du sang contaminé. On y indique les risques de stérilité primaire, de grossesses extra-utérines, de fausses couches du premier trimestre. On rappelle qu'une « fille Distilbène » n'a que 36 % de chances de mener une grossesse à terme, contre 76 % pour une fille « normale ».

Est-ce suffisant ? Je suis témoin que, dans les années 1990, peu de médecins s'inquiètent encore du problème. Réflexe corporatiste ou sentiment de culpabilité, je l'ignore. En tout cas, à moi, on ne m'en a pas parlé, alors qu'on aurait dû. En novembre 2002, l'Afssaps (Agence française de sécurité sanitaire des produits de santé) finit par s'inquiéter de l'ignorance des praticiens français au sujet du Distilbène et leur adresse à tous une circulaire pour les inciter à dépister et à avertir les femmes concernées. « Je souhaite aujourd'hui vous informer sur les complications génitales et obstétricales qui peuvent être observées chez les personnes qui ont été exposées au diéthylstilbestrol (DES) *in utero* en France entre 1948 et 1977, écrit le directeur général de l'époque. En effet, à ce jour, il apparaît que seule une partie du corps médical connaît les risques d'une telle exposition. » Cette circulaire enjoint les praticiens à envisager une exposition au DES chez toute patiente née avant 1977 et connaissant des troubles de la fertilité, des fausses couches ou des grossesses extra-utérines à répétition, ainsi que des lésions caractéristiques du vagin ou du col de l'utérus.

Il faut patienter jusqu'en 2004 – et encore deux ans de plus pour le décret d'application – avant qu'un congé maternité exceptionnel soit accordé en cas de grossesse pathologique liée au Distilbène. Les grossesses des femmes exposées au DES sont enfin reconnues par la Caisse nationale d'assurance maladie comme des grossesses à risque. Il était temps, puisque sitôt enceintes ces femmes doivent très souvent rester alitées en raison des risques de fausses couches et d'accouchements prématurés qu'elles courent.

*

Combien de victimes de cette longue et tragique erreur ? En 1984, une enquête du Collège national des gynécologues-obstétriciens, coordonnée par le professeur Jean-Claude Pons, permet d'évaluer à 200 000 le nombre de grossesses exposées au DES entre 1950 à 1977. Soit, selon un calcul statistique, 160 000 victimes concernées parmi les enfants, si l'on tempère ces chiffres d'un risque de fausse couche d'environ 20 %.

Encore commence-t-on à peine à ouvrir cette boîte de Pandore. Les chiffres montrent qu'on compte autant de filles que de garçons concernés. Moi-même, j'ai tendance à féminiser un peu hâtivement ce combat, parce que les « fils DES » sont encore très discrets. La question restera-t-elle encore taboue longtemps chez les hommes ? Pour les garçons nés de mères traitées au Distilbène, l'exposition au médicament se traduit parfois par une altération du sperme, une atrophie des testicules ou leur non-descente dans les bourses. On ne sait pas encore tout, car on compte moins d'études sur le sujet. Les hommes restent mal renseignés, et peu d'entre eux, apparemment, osent encore se manifester. Il est également question d'un risque potentiellement plus élevé de cancers testiculaires, mais des études supplémentaires sont encore nécessaires à l'heure actuelle.

Aux dernières nouvelles, le Distilbène n'est plus indiqué que dans le traitement du cancer de la prostate. Rien d'autre.

D'aucuns aimeraient dire que ce triste épisode appartient désormais au passé. Malheureusement, ce n'est pas le cas. À cause d'un pic de consommation du médicament entre 1965 et 1975, les ravages du DES vont perdurer jusqu'en 2015 en France. Les patientes exposées sont encore jeunes, susceptibles donc de consulter et de chercher à procréer pendant plusieurs années encore. Il n'est même pas certain que le scandale du DES s'éteigne avec le recensement des victimes de 1977 : selon une étude menée aux Pays-Bas, certaines malformations pourraient affecter la troisième génération d'« enfants DES ». D'autres études sont encore en cours. Elles ne portent pas que sur des accidents de grossesse chez les victimes, puisqu'on sait qu'une « fille DES » court aussi toute sa vie un risque de cancer de l'utérus plus élevé que la moyenne. Depuis peu, de nouvelles études évoquent des risques de cancers du sein. Sans compter toutes les autres mauvaises surprises que le DES nous réserve peut-être…

Aujourd'hui encore, le Distilbène reste une bombe à retardement.

« Le Distil' quoi ? »

Voilà ce que c'est. Un médicament « tératogène » comme on dit, qui, pris par des dizaines de milliers de femmes enceintes, produira pendant longtemps des effets nocifs sur leurs enfants. Trente ans plus tard, il pose un véritable problème de santé publique à des dizaines de milliers d'hommes et de femmes nés jusqu'en 1977. Dommage pour eux. Dommage pour nous.

Vous n'étiez pas au courant ? Moi non plus…

Chapitre 4

L'envie de se battre

> « Cette association a pour objet d'apporter de l'information aux femmes exposées *in utero* au DES (diéthylstilbestrol) sur les thèmes suivants : risques encourus suite à une exposition à ce médicament, méthodes d'assistance médicale à la procréation, adoption ; d'apporter du soutien à ces femmes ; de créer un réseau de solidarité. »
>
> Statuts de l'association Les Filles DES, déposés au *Journal officiel* (2003)

Je l'ai retrouvé dans l'annuaire. Je l'ai appelé pour prendre rendez-vous sans dire qui j'étais. La secrétaire me demande juste si je suis déjà venue. « Non, c'est la première fois... » Ce sera aussi la dernière. Le jour du rendez-vous est arrivé. J'ai pris le bus 83 pour traverser Paris. Pendant le trajet, je récite ce que je dois lui dire. Aujourd'hui, j'ai rendez-vous avec l'ancien gynécologue de ma mère. Celui qui lui a prescrit du Distilbène quelques mois avant ma naissance...

Ma mère n'aime pas trop aborder ce sujet. Quand je lui ai demandé, après avoir lu l'article dans *Marie Claire*, si elle avait pris du Distilbène, elle a immédiatement confirmé. Je ne veux pas trop lui en demander, mais j'ai besoin de savoir certaines choses. Face à mon insistance, elle a rassemblé quelques souvenirs. Elle a surtout fini par me livrer une info capitale : le nom du gynécologue qui l'a suivie pendant sa grossesse. Un certain Jean-Claude M., exerçant à Paris. Trente ans plus tard, il est toujours en activité.

Je veux comprendre ce qui s'est passé, comment j'en suis arrivée là. Pendant quelques jours, j'ai réfléchi à ce que j'allais lui dire, comment j'allais lui présenter mon histoire. Je ne compte pas faire son procès. Je ne lui en veux pas personnellement. En prescrivant du Distilbène à ma mère, ce gynécologue n'a rien fait d'illégal. Quand je suis née, en 1974, le médicament n'était pas encore interdit en France. De lui, j'attends simplement une autre confirmation. Ma mère m'a déjà livré la douloureuse vérité. Mais, aujourd'hui, j'ai besoin que ce soit un membre du corps médical, le gynécologue qui a suivi ma mère pendant sa grossesse, qui me dise que je suis effectivement la victime d'un médicament nocif prescrit en masse.

Son cabinet se trouve près du jardin du Luxembourg. Je m'engouffre dans un bel immeuble en pierre de taille, répétant la trame de mon discours une dernière fois. Il n'y aura pas d'examen, juste une épreuve orale. Je n'aime pas parler en public mais j'ai bien répété. Je lui ai déroulé mon histoire en quelques phrases. Le gynécologue m'a écoutée attentivement, le sourcil levé et les bras croisés sur le bureau.

« Pour résumer, lui dis-je, je voudrais juste savoir si vous vous souvenez d'avoir prescrit du Distilbène à ma mère, parce que elle, en tout cas, s'en souvient.

– C'est possible, a-t-il reconnu. Vous savez, ce médicament était prescrit en masse, par tout le monde, à cette époque. C'est tout ce que je peux vous dire. Tout ce que je peux faire pour vous… »

Et il m'a poliment raccompagnée vers la porte. Notre entrevue n'a duré qu'une poignée de minutes.

Que pouvait-il faire de plus ? Quand j'ai demandé à consulter le dossier médical de ma mère, il m'a dit qu'il ne l'avait pas. Ma mère était enseignante, alors je devais me tourner vers les archives de la MGEN, la Mutuelle générale de l'Éducation nationale. J'ai bien vu que mes questions le gênaient. Peut-être a-t-il craint que je ne veuille me retourner contre lui ? Ce n'était nullement mon intention. Sans remords ni regret, ce gynécologue a certes confirmé mon hypothèse, mais sans pour autant me fournir de preuve concrète de mon exposition au Distilbène. Sa seule piste, celle de la MGEN, ne m'a été d'aucun secours. Par courrier, on me répond qu'on est désolé, mais le dossier médical de ma mère a « disparu ». On me laisse entendre qu'il a sans doute été « égaré » lors d'un déménagement. Pas de chance, vraiment…

En sortant du cabinet du gynécologue de ma mère, j'ai pensé que je m'étais déplacée pour rien. Il n'avait fait que me confirmer mollement ce que je savais déjà, et ne m'avait livré aucune preuve concrète de mon exposition au Distilbène. J'ai pensé qu'il se moquait de mon histoire. Mais j'avais tort, je l'avais mal jugé. Je l'ai compris quelques mois plus tard, quand ma mère a recroisé son ancien médecin dans la rue. Ils ont parlé cinq minutes sur le trottoir, et il est revenu sur ce qu'il m'avait dit. Il avait visiblement beaucoup réfléchi à ce que je lui avais raconté, à ma souffrance. Il a confié à ma mère que sa belle-fille était aussi une « fille Distilbène ». J'ignore s'il le savait quand je l'ai rencontré ou s'il l'a appris par la suite. Quoi qu'il en soit, mon histoire l'avait davantage ému que je ne l'avais perçu. J'ai décidé que je n'avais rien à perdre. J'ai tenté ma chance une dernière fois et je lui ai adressé un fax dont j'ai gardé une copie, dans la vieille boîte bleue en carton où je classe mes archives.

Le papier thermique a un peu vieilli. Pas mon propos.

Je lui écris : « Je sais qu'essayer de comprendre le pourquoi de cette malformation utérine n'en supprimera pas les conséquences présentes et à venir mais j'ai besoin de mettre des mots sur cette souffrance. »

Et je poursuis : « En écrivant une lettre dans laquelle vous attestez avoir suivi la grossesse de ma mère, précédemment victime de fausses couches, en attestant que vous prescriviez du Distilbène aux femmes souffrant précisément de ce type de pathologie, à cette époque, vous me permettrez d'avancer dans l'acceptation d'un deuil de la maternité. Vous contribuerez à permettre à chacune des "filles Distilbène" d'être reconnue. »

Quatre jours plus tard, il m'a envoyé une belle attestation par la poste.

« À l'époque, nous prescrivions souvent (tous les gynécologues) du DES et en ce qui me concerne du Distilbène », confirme-t-il en substance.

Je suis donc bien une « fille Distilbène ». Ma mère me l'a dit et son gynécologue me l'a confirmé.

*

Malgré la gravité de mon cas, je suis soulagée d'apprendre que je ne suis pas seule. En 2001, au moment où je décide de me réapproprier et de comprendre mon histoire, d'autres filles comme moi se sont déjà réunies en associations. Rapidement, j'ai trouvé les coordonnées d'une structure susceptible de m'aider et de me renseigner. Enfin une voix amie et souriante qui me prend au sérieux. Je ne sais plus qui j'ai eu au téléphone. Une femme. Et qui savait de quoi je parlais pour une fois. Quand j'ai compris que j'étais victime du Distilbène, quand le gynécologue de ma mère a confirmé les faits, j'ai recherché des informations sur la question. Tous les articles que je lisais à ce sujet évoquaient 160 000 victimes potentielles. Un chiffre terrifiant et rassurant à la fois. Oui, c'était grave. Mais non, je n'étais pas seule. Maigre consolation… qui allait toutefois changer ma vie. J'ai voulu trouver quelqu'un à qui parler aussi, d'autres victimes qui comprendraient ma souffrance. Dans les Pages jaunes, sur Internet, partout. En 2001, je n'ai trouvé qu'une seule structure à Paris, le Réseau DES. J'y ai passé deux ans.

Anne Levadou, la présidente de l'association, est une infirmière à la retraite. C'est aussi une « mère Distilbène ». C'est elle qui a pris le médicament pendant sa grossesse et sa fille qui en a subi les conséquences. Elle aussi a appris les ravages du DES en lisant un journal. Elle s'est souvenue que son médecin lui en avait prescrit en 1967. Comme des dizaines de milliers d'autres femmes en France, Anne a pris ce « médicament » en confiance, sans se poser de questions. Après avoir compris les risques encourus, elle en a parlé à sa fille, dès l'adolescence. Elle l'a aussi fait suivre de près et elle a eu raison. Un jour, un cancer s'est déclaré. Sa fille a subi une ablation de l'utérus qui lui a sans doute sauvé la vie mais qu'il l'a privée de futures grossesses. D'entrée, cette maman militante m'a touchée. Elle est révoltée par ce qui est arrivé à sa fille, par la négligence des laboratoires, la passivité des médecins. Elle culpabilise aussi, même si elle sait qu'elle n'y est pour rien. À son contact, je comprends mieux la souffrance des « mères DES ». Lui proposer mon aide au sein de son association est pour moi une évidence. Comme elle, je pense que l'information ne circule pas assez vite, qu'il faut avertir les dizaines de milliers de victimes potentielles de toute urgence. Si certaines séquelles sont graves, d'autres sont mortelles : outre des malformations du vagin ou du col de l'utérus, on sait qu'environ une jeune femme exposée sur 1 000 risque un cancer de l'utérus. Le DES entraîne des problèmes de stérilité, mais il peut tuer aussi. Je comprends alors que des femmes sont mortes sans savoir, ou parce qu'elles ont été sensibilisées trop tard.

Je vais m'investir pendant deux ans auprès du Réseau DES. Souvent, je me rends rue Popincourt, dans le petit studio parisien d'Anne Levadou, devenu le siège de l'association. Je sympathise aussi avec la vice-présidente de l'association, une autre « fille Distilbène », comme moi. Constance est un peu plus âgée. Elle a commencé des traitements médicaux bien avant moi mais n'a jamais eu d'enfants. J'essaie de ne pas y penser. Dans l'immédiat, je préfère me noyer dans l'action. Je veux m'investir dans cette nouvelle cause. Rapidement, j'intègre le conseil d'administration. Mes relations sont vite devenues très étroites avec Anne. On s'appelle, on s'envoie des e-mails souvent. Elle cherche des bonnes volontés, et je suis ravie de canaliser mon énergie dans un projet qui me tient à cœur. Avec Anne, je peux enfin agir concrètement. Elle aborde la question du DES sans tabou. Son combat, c'est sa façon à elle de se révolter. Au contact de tous les bénévoles, je constate que chacun fait comme il peut, tout simplement. Je n'ai jamais rencontré la fille d'Anne. J'ai cru comprendre qu'elle ne souhaitait pas mener de combat public. Sa mère, elle, a choisi de s'engager. Chacun gère sa souffrance à sa façon. À ce moment-là, même si nos routes se sont séparées par la suite, Anne et moi nous sommes bien trouvées. Une « mère DES » et une « fille DES » unies vers un même but.

C'est une période charnière pour moi. Professionnellement, j'ai du temps et je m'ennuie. À 26 ans, je suis déjà en pleine reconversion. Mes études m'ont menée vers une impasse : ma spécialité, la « politique de la ville », n'est plus à la mode. Moi qui voulais aider des jeunes défavorisés, je végète dans un bureau de la Fédération de la protection de l'enfance trop à court de budgets pour entreprendre de vraies actions sur le terrain !

Pour tromper mon ennui et donner un sens à ma vie professionnelle, j'ai commencé à suivre des cours à distance pour devenir institutrice.

Je trouve du temps pour m'investir dans l'association. Une partie de mon travail là-bas consiste à rédiger des fiches ou à compiler des revues de presse, à préparer des mailings. J'en profite pour approfondir mes connaissances sur l'histoire et l'actualité du DES. Je m'occupe également beaucoup du journal interne de l'association. Le reste du temps, j'organise des colloques et j'étoffe mon carnet d'adresses.

Je garde un souvenir ému de deux séminaires que nous avons organisés à Paris, à l'espace Kiria, boulevard Saint-Germain, en 2002. Une de nos réunions portait sur les différents aspects de la procréation médicalement assistée. La salle était trop petite, tant il y avait de monde ! Jean-Marie Kunstmann, le responsable du Cecos (le Centre d'études et de conservation des œufs et du sperme) de l'hôpital Cochin, s'était gentiment déplacé un samedi. Son discours était clair et sa façon d'aborder les problèmes, franche. Il m'a presque réconciliée avec le milieu médical. Nous avons aussi reçu le docteur Sylvie Epelboin, spécialiste de la procréation médicalement assistée à l'hôpital Saint-Vincent-de-Paul pour un séminaire intitulé « Le Distilbène, comment vivre avec ? ». Une autre femme d'une humanité rare, à qui, plus tard, j'ai d'ailleurs « confié » mon utérus abîmé. Toutes ces questions me passionnent, car le moment est venu pour moi d'entreprendre mon chemin de croix médical.

*

« Une opération est envisageable, même si elle n'a jamais été pratiquée avant… » Je n'ai jamais oublié les mots entendus dans le cabinet du professeur Paniel, sept ans plus tôt. En 1993, je les avais soigneusement retranscrits dans mon journal intime. Je ne risquais pas de les oublier : ils sont gravés dans ma mémoire. Je me les rappelle comme si c'était hier et je veux croire que mon utérus, aussi abîmé soit-il, ne m'empêchera pas d'avoir des enfants, que je peux « envisager » de devenir mère. On va le réparer. J'y pense chaque fois que je croise une famille, une poussette, un ventre rond. Parce que moi aussi, un jour, je serai mère. Ou en tout cas j'essaierai. Je ne veux rien regretter. C'est mon droit. Oui, j'ai la mémoire un peu sélective, je le reconnais. J'ai préféré retenir l'espoir de cette promesse plutôt que le caractère extrêmement aléatoire de cette intervention inédite. Mais, pour l'heure, je refuse de capituler. Je vais tout faire pour porter un enfant et, dans ce but, je dois explorer toutes les options médicales qui s'offrent à moi.

C'est vrai que l'espoir fait vivre. Il m'a accompagnée pendant sept ans. Pendant mes études, mes premières relations amoureuses, mes débuts dans la vie professionnelle. Je n'ai jamais cessé de penser à cette opération dont on m'a parlé il y a maintenant des années.

En 2000, je décide de me lancer. J'ai mon propre appartement, un emploi et une mutuelle en « frais réels ». Et, surtout, je ne peux plus attendre. J'ai besoin de savoir si je pourrai porter un enfant un jour. Le professeur Paniel ne m'a pas oubliée. Cette fois-ci, je retourne le voir toute seule.

Les yeux dans les yeux, je ne manque pas de lui dévoiler ce que j'ai appris depuis notre dernière rencontre. Je lui dis que j'ai été exposée au DES pendant la grossesse de ma mère. Ma révélation n'en est pas vraiment une, apparemment. C'est à peine s'il relève la nouvelle. En fait, d'une certaine façon, peu lui importe. Il n'est pas là pour s'appesantir sur mon passé. Au contraire, ce spécialiste est entièrement tourné vers l'avenir. L'origine de la panne, il s'en moque. Ce qui compte, c'est de voir ce qui est réparable, pour éventuellement reconstruire. Devant moi, on exhibe une magnifique échographie de mon bas-ventre en 3D à laquelle je ne comprends rien. Je dois encore me soumettre à une cœlioscopie transombilicale pour analyser au mieux les possibilités en termes de chirurgie réparatrice. Conclusion : mon utérus est toujours aussi tronqué. Même si le professeur est partant pour l'opération, il insiste une nouvelle fois : « Stéphanie, je veux bien essayer, dit-il, mais je ne peux vous donner aucune garantie de résultat. Vous l'avez bien compris ? » L'intervention est fixée au mois de février 2002. Elle porte le joli nom d'« anastomose utéro-vaginale ». Traduction : une unification des deux cornes utérines.

Je passe une semaine au CHU de Créteil et plus de quatre heures sur la table d'opération. Revenue du bloc, je croise les doigts et je serre les poings. Physiquement, ce n'est pas une promenade de santé. Je me déplace dans les couloirs de l'hôpital accrochée à un drain, à une poche urinaire, et pendue à une pompe à morphine. Je suis blanche comme un linge, pâle comme une blouse de docteur. Épuisée, mais tellement soulagée. Je l'ai fait ! Apparemment mon séjour à l'hôpital est un petit événement : j'ai observé plus tard, sur la feuille de présence de l'opération, que la moitié des internes avait défilé dans le bloc pour partager cette première ! J'ai presque l'impression d'être l'héroïne d'un épisode d'*Urgences*. J'attends mon *happy end* à moi. Une fin heureuse, comme à la télé. Et dans le scénario que j'imagine, je me vois finir maman.

Pour le professeur Paniel, l'intervention s'est bien passée. Il a reconstruit mon utérus et créé le col manquant avec des membranes. Sur le papier, c'est spectaculaire. Reste à voir si cette opération va vraiment changer ma vie. J'ai hâte de rentrer chez moi pour mesurer le résultat. Avant de porter un enfant, j'espère bien avoir enfin des règles normales. À 27 ans, il est temps !

Je n'ai pas trop parlé de mon opération autour de moi. Seules quelques bénévoles du Réseau DES, qui peuvent comprendre ce que je vis, sont dans la confidence. Je veux parer à l'avalanche des « Alors ? » interrogatifs, l'adverbe redouté par tous ceux qui subissent une opération aussi intime que délicate. Alors, cette intervention ? Alors, ta cœlioscopie ? Alors, t'as eu tes règles ? Alors… j'ai surtout bien fait de rester discrète. Aucun cycle menstruel à l'horizon. Au début, j'ai saigné. Un tout petit peu. Quelques gouttelettes tout au plus. Le moteur est encore grippé, on dirait… Vérifications faites, les membranes anarchiques de mon nouveau col ne cessent de se replier et ne laissent rien passer.

Six mois plus tard, le professeur Paniel accepte de me réopérer pour effectuer une « reprise ». Comme un grand couturier, il me propose quelques « retouches ». Le résultat ? Pas mieux. La faute à qui ? Personne. La faute à ces fichues membranes du col, imprévisibles, incontrôlables. La faute à pas de chance, vraiment…

Malgré tout, la procédure est considérée comme une réussite. C'est rageant. Je connais même un gynécologue qui n'y a vu que du feu, malgré les cicatrices flagrantes qui barrent mes échographies ! Mon utérus a l'air tout à fait normal, à présent. Sur le papier, oui. Le professeur Paniel a rempli sa mission : il a recollé les morceaux. En pratique, néanmoins, je suis nettement plus réservée. Pas besoin d'être diplômée en gynécologie-obstétrique pour se demander comment je vais tomber enceinte si mon col ne s'ouvre pas au moment de l'ovulation. Je prie encore pour que la médecine trouve une solution, un traitement… Charge maintenant à l'hôpital Saint-Vincent-de-Paul de m'aider à mener à bien une future grossesse. Chacun son tour, chacun son rôle. Ma meilleure chance de concevoir un enfant reste la procréation médicalement assistée – la PMA –, à présent. Si les spermatozoïdes trouvent porte close au niveau de mon col, il faudra bien envisager une insémination artificielle.

Je vais bientôt avoir 28 ans, je n'ai toujours pas de règles normales et la perspective de porter un enfant est toujours aussi floue. Parfois, il m'arrive de penser que j'ai subi une douloureuse opération de chirurgie… purement esthétique. J'en garde un drôle de souvenir. Aujourd'hui encore, j'ai une belle cicatrice horizontale d'une quinzaine de centimètres au-dessus du pubis que je cache soigneusement. On dirait que j'ai subi une césarienne. Si seulement…

*

Toutes ces épreuves m'ont changée, je m'en aperçois. Je ne suis plus cette enfant en colère qui souffre en silence.

Je commence à mettre des mots sur mes maux. Je n'ai aucune raison d'avoir honte de ce qui m'arrive car je n'y suis pour rien. Je ne peux plus me taire. Si je ne la crie pas sur les toits, j'assume maintenant ma « différence » publiquement. J'ai même accepté de l'évoquer face à une caméra. Une petite révolution pour la jeune femme déterminée mais toujours très timide que je suis !

En 2002, je participe à un joli projet mené par la réalisatrice Stéphane Mercurio. Son enquête sur le Distilbène, *Sans principe ni précaution*, suit cinq « filles DES » : Véronique, Suzanne, Agnès, Maguelonne et moi. La rencontre avec la caméra s'est faite naturellement : la réalisatrice cherchait un groupe de copines qui se connaissaient déjà et se croisaient de temps en temps. Certaines d'entre nous se sont connues dans le milieu associatif, d'autres sur des forums de discussion sur Internet. C'est drôle de revoir ces images aujourd'hui. À côté des autres, j'ai l'air d'une gamine avec mon petit foulard blanc, mes cheveux mi-longs et mes lunettes ovales finement cerclées.

C'est la première fois que je parle à la télévision. J'entends encore quelques accents de timidité dans ma voix, mais j'ai franchi un cap.

J'ai décidé d'assumer ce que je suis : moi, Stéphanie, « fille Distilbène »…

Je suis la plus jeune de la bande, mais toutes nous souffrons de malformations utérines qui compliquent nos désirs de maternité. Au prix de vingt fausses couches, Agnès a péniblement réussi à avoir une petite fille prématurée née à 34 semaines. Maguelonne aussi est maman d'un petit garçon. Elle était enceinte au moment du tournage. Elle a été alitée pendant les deux premiers mois de sa grossesse et hospitalisée à partir du cinquième. Véronique, Suzanne et moi, qui n'avons pas encore d'enfants, comprenons à quoi nous nous exposons. Sommes-nous prêtes à vivre une ou plusieurs grossesses « horizontales », comme on dit pudiquement ? À passer de longues semaines allongées avec le risque de perdre le bébé ou d'accoucher d'un grand prématuré ? Vaut-il mieux vivre une grossesse aussi éprouvante, sans garantie de résultat, que pas de grossesse du tout ? Peut-on seulement concevoir une vie sans enfants ? Difficile. Nous avons toutes des enfants – des neveux, des nièces, des petits cousins ou cousines – autour de nous. « C'est invivable », comme le résume l'une d'entre nous.

Nous donnerions n'importe quoi pour vivre une grossesse normale. J'applaudis encore celle qui, parlant pour nous toutes, a lâché : « Je ne veux plus de thermomètre ni de petite grille à la con sur ma table de nuit ! » Car, en plus du reste, vouloir un bébé devient un tue-l'amour. Je passerai par là moi aussi le jour où j'essaierai de concevoir un enfant. À mon tour, pendant des mois, j'ai dessiné des courbes de température pour circonvenir mon cycle. J'ai même acheté sur Internet un thermomètre électronique précis au centième près que je ne trouvais pas en pharmacie ! Tous les matins, week-ends compris, je réglais le réveil à heures fixes pour ne pas fausser les résultats, que je consignais dans mon agenda.

Nous rêvons toutes d'un « bébé surprise », inattendu, sans drame ni larmes. Mais nous avons en commun de souffrir de graves malformations. Des utérus en « T », en « Y » ou encore en deux parties, comme le mien. Des adénoses et autres hypoplasies diverses et variées. Tout un lexique médical que l'on maîtrise à contrecœur…

Pour nous toutes, le regard des autres est compliqué à gérer. Dès que l'on s'épanche, nos interlocuteurs compatissent, c'est certain. Personnellement, je ne me vois pas vivre sans enfants. Et le reste de la société non plus, si j'en juge par la manie qu'ont les gens de m'interroger à ce sujet. Heureusement pour moi, j'ai toujours fait plus jeune que mon âge, et j'ai été longtemps épargnée par les questions indiscrètes. Mais dès le moment où je serai en couple, où j'annoncerai que je vais me marier, je n'y couperai plus. Tout le monde se sentira alors en droit de demander : « Quand est-ce que vous nous faites un bébé ? » Sans parler de toutes les collègues enceintes qui veulent à tout prix vous passer le relais et assurent : « Tu seras peut-être la prochaine ? » Ces interrogations, pourtant si banales, nous mettent toutes terriblement mal à l'aise. Que répondre à cela sans dévoiler son intimité ?

Stéphane a filmé plusieurs de nos échanges informels. Qu'on ne se méprenne pas, on a pas mal ri aussi. Politesse de notre désespoir à toutes ? La caméra, quoi qu'il en soit, a su capter des propos plus légers, notamment nos échanges sur tout ce qu'on a pu entendre, du commentaire le plus stupide au plus malheureux. L'une de nous s'est vu affirmer que ça ne marchait pas à cause de « facteurs psychologiques », parce qu'elle n'était « pas mariée ». On a recommandé à une autre de « déménager » parce que « quand on déménage, ça marche à tous les coups ». Et si par malheur une grossesse tourne mal, il se trouvera forcément quelqu'un pour assurer : « Tu es déjà tombée enceinte. La prochaine fois, ça marchera, c'est sûr ! » Tout le monde cherche à se rassurer. Un bébé, c'est un droit, non ? Si quiconque en doutait, il y a suffisamment de femmes enceintes à tous les coins de rue pour nous le rappeler.

Le ton de ce film est juste. Son contenu aussi. Au final, le documentaire est exhaustif. Pendant son enquête, Stéphane Mercurio s'est rendue aux États-Unis à un colloque organisé trente ans après les découvertes d'Arthur Herbst, qui lui-même intervient dans le film. Il continue de tenir un registre pour recenser toutes les victimes du DES. Outre-Atlantique, elles sont organisées depuis longtemps. Pat Cody, la présidente de DES Action USA, affirme que 4,8 millions de femmes sont touchées rien qu'aux États-Unis. Les associations ont ainsi su imposer des recherches sur les effets de cette hormone de synthèse. Là-bas, personne ne comprend pourquoi la France a tant tardé à réagir. En 1979, Joyce Bichler, une « jeune fille DES » américaine atteinte d'un cancer, avait déjà entamé des poursuites contre un laboratoire : à l'issue d'un procès retentissant, elle a réussi à faire condamner, pour la première fois, la firme américaine Eli Lilly à 500 000 dollars de dommages et intérêts. En comparant des tableaux statistiques, on s'aperçoit que les femmes ont surtout pris du DES entre 1951 et 1953 aux États-Unis. En France, la pire période se situe entre 1968 et 1971. Cela représente près d'une génération d'écart entre les deux pays. Les études américaines n'ont donc servi à rien ? Arthur Herbst se souvient de la rapidité avec laquelle les autorités sont intervenues après la publication de ses travaux. Il le dit dans le film : « Six mois après la publication de notre article, il y a eu des commissions au Sénat et à la Chambre des représentants à Washington qui ont amené la FDA à interdire la prescription de DES aux femmes enceintes. » Au contraire, en France, la question reste taboue. « J'ai été un peu frappée d'ostracisme à une époque et ce n'est pas très agréable, rappelle la gynécologue Anne Cabau, qui a lancé une des premières enquêtes sur le traitement par diéthylstilbestrol et sur ses conséquences en termes de reproduction. J'ai voulu parler du sujet dans différents congrès et je me suis rendu compte qu'on ne le souhaitait pas. »

À l'époque de ce film, la vie se transforme lentement pour moi en un vaste combat à mener, un combat personnel, mais aussi un combat pour les autres. Je ne veux plus subir mais agir. La lutte pour la vérité ne passe-t-elle pas aussi par une reconnaissance juridique, voire une réparation du préjudice ? *Sans principe ni précaution* aborde cette question. Aux Pays-Bas, un fonds d'indemnisation de 35 millions de dollars a été créé. Philippe Proost, alors P-DG de la firme UCB Pharma, dont le siège se situe en Belgique, a consenti à un entretien filmé. Sur la question des recours devant les tribunaux, il botte en touche : « C'est un sujet très complexe et difficile à traiter en ce moment puisqu'il y a plusieurs cas en justice à Nanterre par exemple mais dans d'autres tribunaux également, précise-t-il. Et dès lors nous ne sommes pas autorisés à émettre un avis quelconque sur le sujet. »

Pendant le tournage, Véronique envisage très sérieusement d'entreprendre une action avec sa mère. « Je ne sais pas où cela va nous mener, dit-elle, mais je trouve que la symbolique vaut le coup pour que l'on parle de cette fichue histoire… » Sa mère témoigne aussi dans le film. Elle a réussi à se procurer un volet de son dossier médical et la preuve écrite qu'on lui a prescrit du Distilbène pendant sa grossesse. Véronique a maintenant entre les mains un papier qui confirme son exposition au DES *in utero.* C'est écrit noir sur blanc… « Ça fait un drôle d'effet de le voir écrit clairement, résume-t-elle. Ça me remonte encore plus pour faire un procès, je n'attends plus une seconde… »

De mon côté, j'ai cette lettre que j'ai envoyée au gynécologue de ma mère, le fax où je lui explique que j'ai besoin de mettre des mots sur cette souffrance. À la fin du film, je déclare : « Pour le procès je suis partante, mais je n'ai pas encore trop de preuves. »

J'ai à peine commencé à chercher mais j'y pense déjà.

Le film de Stéphane Mercurio a été diffusé sur Arte à l'occasion d'une soirée thématique sur « la stérilité, mal du XXIe siècle ». Il a aussi été projeté en public, sous une tente, place de l'Hôtel-de-Ville à Paris, à l'occasion de la journée de la Femme en 2002. Des badauds allaient et venaient, entraient et souvent restaient. Sans surprise, j'ai constaté que la plupart d'entre eux n'avaient jamais entendu parler du DES. Je suis très fière d'avoir participé à ce film, dont beaucoup de victimes me parlent encore aujourd'hui.

*

Le monde associatif m'a apporté davantage que n'importe quel médecin ou psychologue : du soutien, des informations, des contacts, une aide juridique… Bien sûr, être une « fille

Distilbène » n'est pas un long fleuve tranquille pour autant. Avec le Réseau DES, je pensais avoir trouvé la structure qu'il me fallait. J'ai eu aussi mon lot de désaccords avec sa présidente, Anne, et certains autres adhérents. C'est la vie. La vie associative, comme ailleurs. Au bout d'un an, mes idées et mes objectifs ont commencé à diverger de ceux du reste du groupe. J'ai fait des propositions qui ont été rejetées. Cela arrive. La deuxième année que j'ai passée là-bas a été un peu houleuse. Le Réseau DES avait été fondé par des mères, essentiellement préoccupées par la problématique des cancers liés au DES. Je trouvais qu'on écartait un peu trop les filles qui, comme moi, nourrissaient un profond désir de maternité et qui, sans être victimes d'un cancer, voulaient se battre pour enfanter. Je voulais aller plus loin, élargir le combat, proposer à ces femmes des informations concrètes sur la procréation médicalement assistée, l'adoption, la maternité. Vite, très vite. Trop, sans doute. C'est l'époque où le Réseau DES a commencé à se professionnaliser en embauchant une salariée, à constituer son comité scientifique, à courir les ministères. Des objectifs intéressants et louables, sauf qu'ils cadraient de moins en moins avec mes priorités. J'ai sans doute manqué un peu de diplomatie, moi aussi. J'ai pris beaucoup de place, très vite, en oubliant que le monde associatif avait ses codes et une hiérarchie propres. Je m'étais lancée à corps perdu dans cette aventure, persuadée que ma vie de femme et de future mère en dépendait. Pour nous toutes, il est compliqué d'être juge et partie. Chacune a son histoire.

Un jour, j'ai eu le sentiment de donner plus à l'association qu'elle ne m'apportait. C'était un moment de ma vie où j'avais besoin d'autre chose. J'ai pris ma décision après un conseil d'administration où j'ai pu constater que, de toute évidence, les principales orientations de l'association n'étaient plus les miennes. Une page s'est tournée. Quelques filles m'ont suivie. Il y a eu de petites rancœurs au début, mais pas de drame. Aujourd'hui encore, je sais ce que je dois à Anne Levadou et tout ce que les victimes du Distilbène doivent au Réseau DES, la première association à avoir médiatisé les ravages causés par cette molécule. Quand on me demande la différence entre nos deux structures, je dis simplement que le Réseau DES a été créé par une « mère DES », et Les Filles DES par des « filles DES ». Même si nos politiques de fonctionnement sont différentes, nous gardons les mêmes objectifs. Il m'est arrivé de contacter Anne pour lui proposer la diffusion de communiqués communs. La dernière fois que nous nous sommes parlé, elle m'a dit qu'elle était ravie de mon parcours. Nos routes se sont séparées après un joli bout de chemin partagé.

*

Notre association, baptisée « Les Filles DES », a fait ses débuts *via* un modeste site internet complémentaire des autres associations déjà existantes. Nous avons simplement acheté un nom de domaine. Nous ne voulions pas d'une structure trop lourde : il fallait nous consacrer à l'essentiel, c'est-à-dire donner de l'information utile à quiconque en aurait besoin, adhérent ou pas. Les statuts de l'association ont été déposés le 5 juin 2003. Selon le

Journal officiel, « cette association a pour objet d'apporter de l'information aux femmes exposées *in utero* au DES (diéthylstilbestrol) sur les thèmes suivants : risques encourus suite à une exposition à ce médicament, méthodes d'assistance médicale à la procréation, adoption ; d'apporter du soutien à ces femmes ; de créer un réseau de solidarité ». Nous avons procédé à cette formalité pour pouvoir participer à des manifestations et à des colloques. Chaque année, nous tenons un stand à l'occasion de la journée de la Femme à Paris. Nous renseignons les gens sur les dommages du DES, les démarches judiciaires, les différentes façons de devenir mère. Sur simple demande, nous proposons des contacts de gynécologues ou d'avocats. En revanche, depuis le début, nous nous refusons à solliciter la moindre subvention de la part de l'État pour conserver notre entière liberté.

À ce jour, nous avons plus de 2 500 membres inscrits sur le site. Beaucoup viennent de forums très actifs comme celui du site Magicmaman.com, qui héberge depuis longtemps un fil de discussion très nourri sur le Distilbène. Le noyau dur d'adhérents paie une petite cotisation de 20 euros et finance un budget de fonctionnement très léger. Nous n'avons pas de locaux. Le siège de l'association se trouve dans mon salon. Nos archives, dans ma chambre. Je fais moi-même la revue de presse. Nos réunions à Paris et en province sont toujours organisées chez des particuliers ou dans des salles gracieusement prêtées. Nos modestes moyens ne nous ont pas empêchés de prospérer et de nous faire connaître des médias. Aujourd'hui, plus de 400 journalistes suivent nos actions. Depuis sept ans maintenant que l'association existe, j'ai vu l'intérêt de la presse croître considérablement. Je ne compte plus les interviews ni le temps passé avec les journalistes. Nos efforts n'ont pas été vains.

Nous nous sommes aussi ouverts à d'autres associations pour entreprendre des actions communes. Toutes les victimes du DES ne forment pas un bloc uniforme et solidaire. Souvent, elles n'aiment pas s'attacher à une association trop spécifique. Elles vont et viennent au gré de leurs besoins. Toutes n'ont pas les mêmes problèmes ni les mêmes démarches à entreprendre. Beaucoup de victimes se retrouvent de façon plus anonyme sur des forums.

Une autre victime a créé un groupe de parole sur Facebook. Des « mamans DES » ont fondé l'association Hhorages pour étudier plus précisément les conséquences psychologiques du Distilbène sur leurs enfants. Selon leurs aspirations, beaucoup de candidates à la maternité rejoignent des associations spécifiques avec lesquelles nous travaillons ponctuellement comme les associations Maia et Clara, très pointue sur la question de la légalisation des mères porteuses, Les Enfants Kdos, qui milite pour le don d'ovocytes, les associations MRKH, spécialiste du syndrome de Rokitansky, ou Grace, consacrée à l'endométriose. On réoriente les victimes selon leur souffrance. Ce sont encore des associations de filles à 90 %, mais aujourd'hui des garçons commencent à se manifester.

Pour citer les questions les plus fréquentes, on me demande souvent à qui s'adresser pour pratiquer une insémination artificielle ou une fécondation *in vitro,* quel est le moyen le plus sûr d'adopter, ce qu'il faut penser des mères porteuses, s'il faut craindre pour la « troisième génération »…

Même si je n'ai pas toutes les réponses, je leur parle volontiers de ma propre expérience. Tant de femmes craignent de ne jamais devenir mères.

Chapitre 5

Des tentatives et des échecs

« C'est le temps que tu as perdu pour ta rose qui fait ta rose si importante. »

Antoine de Saint-Exupéry,
Le Petit Prince

J'ai rencontré Damien à la fin d'un hiver.

Le printemps frappe à la fenêtre et j'attends son appel. Nous nous sommes rencontrés quelques jours auparavant chez des amis. Après, tout est allé très vite. Il m'a invitée au théâtre pour voir une adaptation du *Petit Prince* d'Antoine de Saint-Exupéry. J'ai aimé. « On ne voit bien qu'avec le cœur », assure la petite tête blonde. À moi aussi, l'amour me donne des ailes. Nous n'avons pas perdu de temps : l'année suivante, nous étions mariés !

J'ai eu des petits amis, avant. Comme toutes les filles, j'ai eu mon lot d'histoires. Mais à l'époque je ne songeais pas à construire quoi que ce soit. Même s'ils ont toujours su que j'avais des problèmes médicaux, ils ne m'ont jamais posé trop de questions. C'était de toute façon une souffrance que je préférais garder pour moi. Jeune, je n'ai jamais vraiment partagé avec quiconque de projet d'avenir. J'étais concentrée sur mes opérations. À 20 ans, on n'a pas envie de se lancer dans un cours d'anatomie. Pas non plus envie de dire qu'on est terrifiée à l'idée de ne pas avoir d'enfants…

Pour la première fois, avec Damien, c'est différent. Quand je le rencontre, j'ai 28 ans et il en a 30. Immédiatement, il m'inspire confiance. Il me donne envie de me livrer, c'est dire ! Je sens vite que cette histoire sera différente. La vie a bien fait les choses, pour une fois. C'est vrai que notre histoire a commencé de façon fulgurante. C'est magique. Quand Damien entre dans ma vie, je sais que je suis prête à construire quelque chose. Une famille. Avec lui.

Je ne lui ai pas dit tout de suite pour le Distilbène. Je ne lui ai pas caché longtemps mon secret non plus. Les premières semaines, quand je ne pouvais pas sortir avec lui certains soirs, je lui disais que j'étais occupée avec mon association. « Ton association de quoi ? » me demandait-il. « Tu verras… » répondais-je. Un soir, je lui ai tout déballé, dans un restaurant. La conversation portait sur la question des enfants. Damien était un jeune papa divorcé quand je l'ai rencontré. Anaëlle, sa fille, avait 6 ans. L'idée d'une « famille recomposée » contrarie peut-être d'autres femmes. Moi pas. Si nous nous lancions dans une belle histoire d'amour, je n'ignorais rien des obstacles à surmonter pour fonder un foyer. Je crois qu'une partie de moi était même rassurée qu'il ait un enfant. Ma situation était déjà suffisamment difficile à gérer pour moi : je ne voulais pas, en plus, me dire que je risquais de priver l'homme que j'aimais de la joie de devenir père.

Quand nous emménageons ensemble dans notre premier appartement à Issy-les-Moulineaux, je prends plaisir à aménager une chambre d'enfant pour Anaëlle. Je suis toujours heureuse de la retrouver. Elle habite en Bretagne avec sa mère et nous rejoint parfois le week-end ou pendant les vacances scolaires. Elle adore jouer avec Mary, mon chat. Mais, le plus souvent, nous essayons de la retrouver en Bretagne, dans une maison de campagne que nous prête la grand-mère de Damien. C'est une enfant adorable. J'ai de la chance de les avoir tous les deux dans ma vie.

Damien n'avait jamais entendu parler du Distilbène. Il est ingénieur en construction navale et navigue loin de ces préoccupations. Quand je lui ai raconté mon histoire, il a été stupéfait d'apprendre l'ampleur de ce scandale. Il a effectué des recherches sur le sujet de son côté. Peu après, et malgré son emploi du temps chargé, il m'a même proposé de devenir trésorier de mon association. J'ai été naturellement touchée par son enthousiasme. Je crois qu'aujourd'hui il en sait autant que moi sur la question ! Hasard de la vie, sa mère a travaillé longtemps comme préparatrice en pharmacie. Quand nous lui en avons parlé, elle s'est parfaitement souvenue d'avoir beaucoup, beaucoup distribué de Distilbène dans les années 1970. Elle se rappelait même la couleur des cachets et la forme des boîtes. De petites boîtes rondes avec, selon la marque, des cachets roses ou verts. Des comprimés aux couleurs acidulées, en apparence aussi inoffensifs que des Smarties, en réalité un poison.

Malgré tout, nous allons fonder une famille. C'est une évidence. Damien est un homme pragmatique. Quand je lui ai parlé de mon exposition au DES, il a jugé la situation « complexe ». C'est précisément le mot qu'il a employé. Pas « grave », non. Ni « dramatique ». Juste « complexe ». Ça me va. Le mot ne lui fait pas peur. Damien comprend que c'est un obstacle, certes, « mais il n'y a rien d'irrémédiable », dit-il. Son amour m'enveloppe d'un manteau de confiance. C'est un homme bienveillant et positif. Je lui ai déjà détaillé toutes les opérations que j'ai subies et les espoirs que je fonde dans la procréation médicalement assistée. Il me dit qu'il est prêt à se lancer avec moi dans cette bataille, tout de suite si je le désire. Il ajoute même qu'il n'a rien contre l'adoption non plus. Nous avons les mêmes envies et c'est infiniment rassurant pour moi. Je n'ai jamais songé à adopter pour « remplacer » l'enfant biologique que je n'aurai peut-être jamais. Je rêve depuis toujours d'élever plusieurs enfants. D'en faire *et* d'en adopter…

Nous étudions sereinement toutes les possibilités qui s'offrent à nous. Damien est prêt à se lancer dans les procédures d'adoption sans passer par la case PMA. Il a peur que je souffre, que je sois déçue. Mais il me laisse faire. Il a vite compris que j'étais têtue et que ce parcours médical me tenait à cœur. Il a bien vu que je n'avais pas « fait le deuil de l'enfant biologique », selon l'expression consacrée par les organismes d'aide à l'adoption. À l'époque, je sors d'une opération lourde. Grâce à mon « anastomose utéro-vaginale », l'opération du docteur Bernard-Jean Paniel, j'ai un utérus réparé, flambant neuf, prêt, j'en suis persuadée, à accueillir un embryon, un fœtus, un bébé…

*

Je dois tenter le pari d'une grossesse. Il le faut. Malheureusement, ce n'est pas si facile.

Sylvie Epelboin le sait bien. Mieux que quiconque peut-être. Elle me suit depuis plusieurs mois. Elle est la première gynécologue que je rencontre dans mon long parcours au sein du service d'assistance médicale à la procréation de l'hôpital Saint-Vincent-de-Paul à Paris. Elle ne m'a jamais caché que l'aventure de la maternité serait compliquée. Elle m'accueille toujours avec un grand sourire qui lui plisse jusqu'à la commissure des paupières. Cette gynécologue est un des très rares praticiens que j'aie croisés qui abordent volontiers et sans tabou l'affaire du Distilbène. Comme Anne Cabau, sa collègue, elle maîtrise parfaitement toutes les problématiques et autres malformations liées à l'exposition au DES. Je la côtoie beaucoup aussi dans le cadre de mon engagement associatif, d'abord au sein du Réseau DES, puis avec Les Filles DES. Quelques mois plus tôt, elle a soutenu mon dossier quand j'ai voulu envisager un parcours de PMA.

Mon premier traitement, avec le docteur Epelboin, consiste en piqûres d'œstradiol, destinées à booster artificiellement mes cycles menstruels et à surveiller mon ovulation. Dans la mesure où je n'ai toujours pas de saignements, c'est le seul moyen de savoir « où j'en suis » dans mon cycle.

Je me souviens d'une secrétaire médicale bornée qui, avant que je prenne ce traitement, tenait absolument à ce que je la rappelle trois jours après le début de mes règles pour fixer un nouveau rendez-vous. Elle ne comprenait pas qu'elle me demandait une information que je ne pouvais pas lui fournir. Pour la plupart des femmes, leurs cycles sont une évidence. Les miens m'échappent. Si l'on excepte quelques maux de ventre qui viennent ponctuellement me narguer, je n'ai toujours pas mes règles. Et, une fois encore, j'ai dû expliquer à une inconnue les subtilités de mon anatomie… Je ne lui en veux pas : elle n'était ni la première ni la dernière. Il m'est régulièrement arrivé de croiser des médecins qui ne comprenaient rien à mon cas. Je me souviens d'un dimanche où j'ai dû me rendre aux urgences à cause de violents maux de ventre. J'étais pliée en deux. Jamais je n'avais ressenti une douleur aussi aiguë. Je ne pouvais même plus marcher ! Damien m'a immédiatement conduite à l'hôpital, où une première interne aux urgences gynécologiques était convaincue que j'étais… enceinte. J'ai eu beau lui dire que j'étais une « fille DES » et que c'était donc peu probable, elle a insisté pour me faire une prise de sang. Résultat négatif, évidemment. Dépitée, elle m'a envoyée en gastro-entérologie, où on a envisagé de m'opérer… de l'appendicite. Ce n'était pas ça non plus. On m'a baladée ainsi pendant trois jours sans pour autant atténuer mes douleurs. Finalement, j'ai appelé à la rescousse le docteur Epelboin, qui a tout de suite identifié le problème. Je n'étais certainement pas enceinte, non. Au contraire : j'avais simplement mes règles. Un flux un peu plus important que d'ordinaire qui, comme d'habitude, ne parvenait pas à s'écouler. La douleur est passée toute seule, le temps que le sang se résorbe.

Malgré tout, je veux croire que ma situation n'est pas si compliquée que cela. Pourquoi alors Sylvie Epelboin affiche-t-elle tant de scepticisme ? Je ne le comprends pas bien à l'époque. Elle prend beaucoup de précautions et ne manque jamais de me rappeler que j'ai quand même subi une opération lourde. Pour la question du col qui ne s'ouvre pas, elle peut mettre en place un protocole qui consistera à implanter des embryons déjà fécondés. Il est plutôt déconseillé d'envisager une insémination artificielle avec sperme du conjoint (aussi appelée « IAC »), une opération que la plupart des couples tentent généralement en début de parcours de procréation médicalement assistée. Moi, je dois sauter directement à la case FIV : la fécondation *in vitro* de l'ovocyte avec le sperme se fait à l'extérieur du corps de la femme, dans un milieu de culture dont la composition est proche de l'environnement naturel des trompes. En revanche, le docteur Epelboin s'inquiète davantage de savoir si mon utérus reconstitué, fragile et marqué de nombreuses cicatrices, pourra supporter le poids d'une grossesse et la croissance d'un fœtus pendant neuf mois. C'est une préoccupation qui me touche peu à l'époque. Pour moi, le plus gros défi reste de tomber enceinte. Après, tout ira bien, j'en suis persuadée. Ma gynécologue tente de calmer mes ardeurs. En vain. Elle est d'autant plus sceptique que le professeur Bernard-Jean Paniel ne peut lui fournir aucune garantie de réussite. Il est prudent lui aussi. L'acte de chirurgie dont j'ai bénéficié n'est pas assez éprouvé pour qu'il avance de telles promesses.

Sylvie Epelboin a quand même accepté de tenter une première fécondation *in vitro*. Elle me prévient qu'elle s'y risque sur la pointe des pieds. À la première alerte, elle arrêtera. Mais, moi, j'y crois toujours. J'ai cette faculté de voir le verre à moitié plein. Je préfère regarder le chemin parcouru plutôt que de m'inquiéter des soucis à venir.

Jusqu'ici, on a chaque fois trouvé une solution, non ? Le plus dur est fait. Si on a réussi à reconstruire mon utérus, qu'est-ce qui m'empêche de porter un enfant ?

*

Je me lance dans un traitement lourd que je connais maintenant par cœur et que je récite souvent sur le site de l'association ou sur des forums. Je ne compte plus les livres que j'ai lus sur le sujet ! Le traitement le plus usuel est appelé « protocole long » et s'étale sur vingt-cinq à trente jours. C'est long, mais depuis la naissance d'Amandine, le premier bébé-éprouvette français, à l'hôpital de Clamart en 1982, la technique de la FIV est bien rodée. En ce qui me concerne, pour espérer concevoir un enfant, je dois toujours prendre une pilule contraceptive pendant quelques semaines avant de commencer un traitement. Prescription paradoxale mais nécessaire, car l'hôpital a besoin de pouvoir contrôler mes cycles. Pour le reste, le protocole commence au premier ou au vingtième jour des règles par des piqûres de stimulation. Une par jour, toujours à la même heure. On active les ovaires par des injections quotidiennes d'hormones (dites « FSH »), ce qui leur fait produire plusieurs cellules reproductrices au lieu d'une seule.

Pendant cette période, je dois me soumettre à une échographie et à une prise de sang tous les deux jours pour adapter le dosage de la piqûre et surveiller la taille des follicules, ces petits agrégats remplis de liquide qui contiennent les ovocytes.

Lorsqu'on a un travail, en plus d'être une source de stress, ce programme constitue un véritable handicap. Officiellement, on n'est pas malade. Souvent, on souhaite même ne pas en parler à son employeur. Alors on court au laboratoire d'analyses – qui n'ouvre jamais assez tôt – à la première heure. Il faut aussi trouver un labo capable de fournir les résultats à son médecin dans la journée. On espère passer vite, sachant que les prises de sang se font souvent sans rendez-vous. Au début, il m'arrivait fréquemment de m'évanouir. À force, j'ai pris l'habitude. J'ai tellement été piquée que j'ai le creux des bras criblés de petits points rouges. Dans le laboratoire près de chez moi, un infirmier s'amuse à me répéter sans cesse la même blague : « Attention à ne pas vous faire arrêter par la police, mademoiselle. On risque de vous prendre pour une toxicomane ! » J'essaie de l'éviter quand je peux. Il ne me fait pas rire.

C'est toujours la course pour ne pas être en retard. Et encore, faire une prise de sang est moins compliqué que de passer une échographie tous les deux jours. J'ai souvent tenté ma chance à l'heure du déjeuner, l'œil rivé à ma montre dans la salle d'attente. Après cela, il faut encore impérativement joindre son médecin dans la journée, en espérant qu'il ait bien reçu par fax les résultats du laboratoire, pour qu'il indique, si nécessaire, la nouvelle posologie à prendre.

Voyant mon état, même si je culpabilise d'être absente de mon travail, mon généraliste préfère souvent m'arrêter. J'ai beau assurer que je ne subis aucun effet secondaire, Damien voit bien que je suis fatiguée et sujette à des nausées, sans compter tous les petits microbes qui m'assaillent dès que mes défenses immunitaires chutent un peu. Je mesure à quel point ces protocoles paralysent le reste de ma vie.

Je travaille en pointillé : pendant les six premiers mois de mon traitement, on m'a délivré pas moins de six arrêts de travail, sans compter tous les rendez-vous médicaux obligatoires en journée. Apparemment, il faut savoir ce que l'on veut dans la vie : travailler ou procréer. J'ai lu que certaines femmes abandonnaient leur emploi tant la procédure était lourde. Moi, je vais carrément être licenciée.

Ma reconversion professionnelle me rassure. Je suis des cours à distance pour devenir institutrice. Je sais ce que je veux : un enfant à la maison et m'occuper d'enfants au travail. Un projet de vie qui peut sembler banal mais qui représente tout à mes yeux.

J'ai préparé les examens à distance, entre septembre 2002 et mai 2003, en m'inscrivant dans un institut privé. Je suivais également des cours toute la journée un samedi sur deux. C'était une vraie gageure ! À tel point que, dans mon groupe, nous n'étions plus que deux, en fin de programme, à tenir le choc. Nous avions quasiment tous un emploi, et il fallait une sacrée motivation pour persévérer. Je me souviens d'un passage à vide pendant un examen blanc en mathématiques où, pendant une demi-heure, j'ai failli craquer. J'en étais à me demander ce que je faisais là. Il y a eu des moments difficiles. J'ai tenu parce qu'il le fallait. C'était le prix à payer pour changer de vie et exercer la profession de mes rêves. La plupart ont abandonné, mais pas Nadja, une fille adorable, plus jeune que moi, avec qui je suis restée en contact. Cette expérience nous a soudées. Nous nous sommes serré les coudes jusqu'au concours. Elle venait souvent chez moi pour réviser. On s'organisait de longues plages de révision sur nos jours de congé. Le reste du temps, j'écoutais les bandes-son avec les corrections de mes professeurs dans les transports en commun, je me récitais les cours en silence au boulot, je préparais mes oraux en me chronométrant pendant mes pauses. Nos efforts ont été payants : Nadja et moi avons été toutes les deux admises en juin ! J'ai même été classée dans le premier tiers, ce qui m'a permis de choisir mon affectation dans le Val-de-Marne, près de chez moi.

Mais l'obtention de ce diplôme ne s'est pas faite sans mal. Quand on passe le concours de professeur des écoles en candidate libre, on débute comme institutrice stagiaire, avec, généralement, un an de formation avant d'être titularisé… ou pas. Dans mon cas, après avoir travaillé dur pour décrocher le concours du premier coup, il a fallu patienter deux années pour devenir enfin professeure des écoles. Merci le DES, merci les FIV ! À cause de toutes les absences liées à mes traitements, mon examinatrice a refusé de valider ma formation la première année. Heureusement, l'année suivante, alors que j'étais accaparée par les mêmes protocoles, l'examinatrice s'est montrée plus indulgente et compréhensive. J'ai fait ma première rentrée en septembre 2005, avec une classe de maternelle, à Fresnes.

La procréation médicalement assistée est une activité à part entière qui requiert une patience et une détermination absolues. Les traitements sont lourds et l'issue du protocole, toujours incertaine. Tous les deux jours, il faut se soumettre à une prise de sang et à une échographie pour vérifier que la procédure se déroule normalement. Car c'est seulement quand les ovocytes sont prêts que l'on provoque artificiellement l'ovulation par l'injection d'une autre hormone, la hCG ou « gonadotrophine chorionique ». Trente-six heures plus tard, les ovocytes sont dans les trompes, normalement prêts à être fécondés. Normalement.

Ma première tentative de FIV est arrêtée nette par mon médecin, au bout de quelques jours seulement, à cause d'un risque d'hyperstimulation, c'est-à-dire d'une réponse ovarienne excessive. J'ai terriblement accusé le coup après ce premier échec. Je tentais de joindre mon praticien pour analyser la prise de sang du jour quand une secrétaire m'a assené sans la moindre précaution : « Le docteur dit qu'il faut tout arrêter. » Arrêter quoi : le protocole, la FIV, la procréation médicalement assistée tout court ? Elle voulait juste me signifier qu'il fallait reprendre la procédure de zéro. La première fois, on n'a pas l'habitude. Pourtant il a vite fallu que je m'y fasse.

La tentative suivante avorte elle aussi. Cette fois, le docteur Sylvie Epelboin me reçoit dans son bureau. C'est une femme sensible, un médecin « responsable » qui essaie de m'expliquer avec beaucoup de psychologie pourquoi elle n'ira pas plus loin. Elle pense que les protocoles sont trop risqués pour moi, trop aléatoires. Elle voudrait que j'arrête. Mais il est encore trop tôt pour moi. Sur le moment, je lui en veux de ne pas persévérer. Je me persuade que l'hôpital Saint-Vincent-de-Paul manque de souplesse. Je veux une nouvelle chance ! Ce dernier rendez-vous, dans cet établissement du moins, est un cauchemar. Assise dans la salle d'attente où je tente de reprendre mes esprits, je suis cernée par des femmes enceintes. C'est le charme de Saint-Vincent-de-Paul : là-bas, la consultation est « mixte ». On m'inflige le bonheur des autres, celui dont on veut me priver ! Je les ai regardées marcher en se tenant les hanches et j'ai pleuré en silence.

Damien aussi pense qu'il serait sage de s'arrêter là. Ma santé lui importe avant tout. Il me le répète : il est tout à fait prêt à adopter avec moi. Peu après notre rencontre, nous avions été reçus par une assistante sociale du service adoption des Hauts-de-Seine. Notre dossier lui semblait solide. Particulièrement optimiste, elle était même persuadée que nous pourrions accueillir un enfant assez vite. Elle nous avait posé la terrible question rituelle que doivent subir tous les candidats à l'adoption qui ne peuvent avoir d'enfants : « Avez-vous fait le deuil de l'enfant biologique ? » J'avais laissé entendre que oui, bien sûr. Évidemment. Quelle question…

Théoriquement, il n'y a rien d'illégal à lancer une procédure d'adoption si on est encore en PMA. Mais, en pratique, tout le monde sait que c'est toujours mal vu et compromettant dans un dossier. C'est idiot, parce que, à l'inverse, les gynécologues sont tenus de vous encourager à vous renseigner sur l'adoption ! Alors, en pratique, tout le monde préfère se taire. Vu les délais qu'impliquent ces démarches, il serait inhumain d'interdire aux futurs parents d'exploiter toutes les pistes possibles. De toute façon, j'ai toujours trouvé cette question inepte. Comment faire le deuil de quelque chose qu'on ne connaît pas ? À cette époque, j'ai encore envie de me frotter à l'espoir de porter un enfant. Et puis si les deux pistes pouvaient marcher, je n'aurais rien contre l'idée d'accueillir deux petits bébés…

*

Pendant cinq ans, j'ai tenté ma chance. « C'est un peu comme entrer dans une secte », écrit la journaliste Brigitte-Fanny Cohen, qui a publié un livre édifiant sur le sujet, *Un bébé mais pas à tout prix.* Je n'ai jamais vécu dans une secte, mais je suis persuadée qu'il existe une certaine analogie entre ces deux expériences. La comparaison est excessive, bien sûr ; pourtant, je reconnais que pendant cinq ans je me suis enfermée dans l'idée de porter un enfant. Durant cette période, j'ai vécu au rythme de mes cycles, de mes traitements, des piqûres, des échographies, des prises de sang, des tests. Je le constate, je ne le déplore pas. Je ne peux pas le regretter : pour moi, comme pour d'autres « filles Distilbène », je pense que c'est un chemin de croix pénible et douloureux, mais nécessaire. Je constate que les médecins m'ont, pour la plupart, laissée faire, aussi. À part Sylvie Epelboin et ma dernière praticienne, personne n'a essayé de me stopper.

On trouve toujours une bonne raison de continuer. La Sécurité sociale autorise le remboursement de quatre tentatives de FIV menées à terme. Quatre tentatives, sans compter les transferts d'embryons congelés. Car le protocole permet souvent d'obtenir plusieurs embryons qu'on n'implante pas d'un coup, surtout chez une « fille DES », qui a un utérus fragile. En attendant, ils sont gardés bien au froid et congelés pour être réimplantés ultérieurement. Ces protocoles sont beaucoup plus simples mais nécessitent quand même une courte hospitalisation et un arrêt de travail d'une journée pour effectuer le transfert. C'est à n'y rien comprendre pour un employeur qui n'est pas dans la confidence : on présente souvent un arrêt de travail d'une journée, inopiné, pour le transfert. On n'a même pas l'air malade, et on revient le surlendemain, l'air fatigué tout au plus… Et ce ne sera ni la première ni la dernière fois. À combien de reprises ai-je tenté ma chance ? Au moins une quinzaine en tout, en comptant les transferts d'embryons congelés. J'ai cessé de tenir une comptabilité précise.

*

Après mes premiers échecs à l'hôpital Saint-Vincent-de-Paul, j'ai voulu aller voir ailleurs. Je me souviens que j'ai épluché le « palmarès » des meilleurs établissements en la matière sur Internet. Rien ne m'arrête ! L'Institut mutualiste Montsouris figurait parmi les « champions » de la fertilité. Cet hôpital privé à but non lucratif jouit d'une excellente réputation. C'est un établissement moderne niché derrière d'élégantes baies vitrées. J'ai contacté un nouveau docteur avec qui le courant est tout de suite bien passé. Damien, lui, est moyennement convaincu par la démarche. Il aimerait que je me calme un peu, et il aurait sans doute apprécié que ce nouveau praticien tempère mon enthousiasme. Au contraire, il semble raisonnablement optimiste. Au moins, mon cas ne lui paraît pas si désespéré que cela. Damien se laisse peu à peu gagner par mon engouement. Allez, c'est reparti pour… trois tours. Trois essais qui ne seront pas concluants.

Le premier essai semble pourtant prometteur. Piqûres de stimulation, injections, échographies et prises de sang : les follicules augmentent normalement. J'apprécie, en outre, le suivi du docteur : il semble impliqué, et il est facile à joindre. Souvent, il m'appelle le soir pour me demander des nouvelles. J'ai aussi son e-mail en cas de souci. Le soir, c'est Damien qui joue à l'infirmier avec moi. Il a fini par apprendre à manier une seringue pour pouvoir me faire mes piqûres. Au début, c'est une infirmière professionnelle qui s'en chargeait, mais je commençais à angoisser dès qu'elle avait quelques minutes de retard. Et, malgré toute ma bonne volonté, je reconnais que je n'ai pas le courage de me piquer moi-même !

On provoque artificiellement l'ovulation pour prélever treize ovocytes dès la première tentative. Cette fois-ci, j'approche du but ! J'arrive à l'hôpital à jeun un matin, à 7 heures. Après une injection intramusculaire à l'hormone gonadotrophine chorionique débute la maturation des ovocytes, qui sortiront de l'ovaire vers la trente-deuxième heure. À la trente-sixième, c'est l'étape de la ponction : les cellules reproductrices sont prêtes à être fécondées. L'opération, assez rapide, se déroule dans un fauteuil gynécologique. Je gravis à reculons les deux marches de l'escabeau, je m'assieds, pose mes pieds dans les étriers. Un médecin descend le scyalitique, sa petite lampe de travail, et introduit sa pipette jusqu'aux parois de l'utérus pour aspirer le liquide folliculaire, où baignent les cellules. L'opération se déroule sous anesthésie. Objectivement, ce n'est pas un moment très agréable. Mais sur le coup je suis plus qu'heureuse d'en être arrivée à se stade ! Pendant ce temps, Damien, de son côté, est mis à contribution pour un don de sperme. Pour lui non plus, ce n'est pas une partie de plaisir. Mais, pour son baptême du feu, il est rassuré. Il concède que l'établissement est bien conçu. La structure des locaux est optimale à l'Institut Montsouris. Les femmes enceintes et les patientes en traitement contre la stérilité ne sont pas mélangées. Pour les garçons, nul besoin d'errer dans de longs couloirs impersonnels : Damien doit juste passer son flacon par une trappe. Toutes les pièces convergent vers le laboratoire, où les ovocytes sont fécondés avec succès et donneront huit embryons.

Deux seulement seront implantés pour éviter un risque trop important de grossesse multiple, que je ne pourrais supporter. J'ai rendez-vous trois jours plus tard pour le « transfert ». Malgré l'anesthésie générale, je sors dans la journée après une petite collation. Je quitte surtout les lieux avec un précieux sésame : une ordonnance pour une prise de sang quinze jours plus tard. De nouvelles analyses et un espoir de grossesse. Je mentirais si je disais que je n'y ai pas pensé. Jour et nuit. J'alterne entre joie et stress. Pour celles qui travaillent, il est difficile d'être concentré. À la maison, on scrute les forums pour des conseils. Sachant que la « nidation » a lieu entre le cinquième et le septième jour, on fait particulièrement attention à ces moments-là. Moi, j'évite de prendre la voiture, par exemple. Si on ne fait rien, on devient dingue. Si on travaille, on est ailleurs.

Quand je suis devenue institutrice, j'ai essayé de m'asseoir davantage pendant ces périodes, ce qui est évidemment impossible avec des élèves de maternelle qui courent dans tous les sens ! On prend des vitamines, des traitements homéopathiques. Les médecins ne prescrivent en général qu'un seul médicament : des gélules d'Utrogestan pour maintenir le taux d'hormones. À raison de trois par jours, il est difficile de ne pas y penser. D'autant plus que ce médicament déclenche les symptômes d'une grossesse : vous avez le ventre tiré et la poitrine gonflée. Il m'arrive de gagner soudainement deux tailles de pantalon. Raison de plus pour y croire…

Je parlais même à mes embryons ! La première fois, je les ai surnommés « Tic » et « Tac ». Je leur chuchotais de tenir bon. Jusqu'à ce que j'apprenne, quinze jours plus tard, que mon « bêta-hCG » – le nom scientifique du test de grossesse – n'est pas positif. La première fois, comme toutes les fois suivantes, je préfère me rendre directement au laboratoire plutôt que de m'enquérir des résultats par téléphone. Si j'ai le courage, j'appelle Damien pour lui annoncer la mauvaise nouvelle. Si je ne l'appelle pas, il comprend que c'est au-dessus de mes forces. Le soir, il me change les idées. Il évite de me dire que nous aurons plus de chance la prochaine fois. Il se doute bien que j'y pense déjà.

Pour avoir lu beaucoup de témoignages de membres de notre association, je sais qu'un grand nombre de couples ne résistent pas à l'épreuve de la PMA. C'est lourd, parfois. Fatigant, toujours. Déprimant, souvent. Je ne compte plus les filles qui, du jour au lendemain, disparaissent de nos réunions parce que leur conjoint est parti ou réclame une pause. Il y en a qui reviennent, quelques mois plus tard, après une longue parenthèse. J'en ai vu beaucoup refaire leur vie et revenir avec un autre homme qui, comme Damien, a déjà un enfant. Je leur souris d'un air entendu. Je sais ce que c'est. Difficile. Il ne faut pas se voiler la face : beaucoup ne tiennent pas le choc. Certains couples divorcent. Nous, au contraire, nous avons décidé de nous marier. Entre deux fécondations *in vitro.*

*

Damien a improvisé une très jolie demande à Troyes. Je dis « improvisé » parce qu'aucun garçon normalement constitué ne prévoit de faire sa demande en mariage dans un Novotel après avoir passé la journée dans des magasins d'usine ! C'était merveilleux quand même. Après tout, l'idée était un peu dans l'air quasiment depuis les premières semaines de notre histoire. Nous savons aussi qu'un passage devant monsieur ou madame le maire s'impose à un moment ou à un autre, notamment pour les procédures d'adoption. Et Damien sait combien je l'aime et combien j'ai envie de l'épouser. Autant dire que je n'ai pas réfléchi longtemps avant de répondre « oui ».

J'ai quand même trouvé le temps de glisser une nouvelle FIV dans mon emploi du temps avant le mariage. Pas la peine de ménager le suspense : elle a échoué, comme les autres. Mais Damien garde un excellent souvenir de cet épisode à cause d'un événement un peu incongru. Comme j'arrivais à l'étape du transfert d'embryons, une infirmière m'a donné un cachet de prémédication pour me détendre avant l'anesthésie générale. Sauf que, ce jour-là, le docteur était en retard, et que l'anesthésie a été décalée. Mais pas les effets du cachet… Moi qui suis d'ordinaire si réservée, je suis soudain devenue très, très expansive. C'est à un rythme effréné que j'ai raconté ma vie tout entière, en long en large et en travers, à ce pauvre Damien, qui, heureusement, était seul avec moi…

Malgré un transfert détendu et les rires, c'est encore un échec. Si je ne suis toujours pas disposée à arrêter les protocoles, j'accepte de faire une pause de quelques mois. Le temps d'organiser notre mariage et de me changer un peu les idées.

La fête est prévue le 13 novembre 2004. Je porte une longue robe blanche en satin et une traîne brodée de fleurs rouges. J'ai tout de suite eu un coup de cœur lorsque j'ai vu cette robe dans une vitrine. Je dois juste couvrir mes épaules dénudées d'une petite étole à cause du temps. Damien porte un costume bleu-gris et un gilet assorti aux broderies de ma robe. Nous nous sommes mariés à la mairie d'Issy-les-Moulineaux. « Les époux assurent ensemble la direction morale et matérielle de la famille, rappelle l'adjoint au maire. Ils pourvoient à l'éducation des enfants et préparent leur avenir. » Je suis émue en disant « oui » devant tous nos proches. Il y a environ 120 invités à la noce. Nos deux familles au complet, plein d'amis, des copines de l'association… Nous avons pris un cocktail dans un café que j'aime bien à Issy et dîné sur l'île des Loups à Nogent-sur-Marne. Je garde le souvenir d'une magnifique journée de novembre, sans nuage. En prime, personne ne nous a demandé « À quand le bébé ? ». À part quelques intimes, personne n'est encore au courant de nos démarches médicales. Damien dit que l'on doit cette discrétion à Anaëlle : quand il y a déjà un enfant dans une famille, la question est tout de suite moins spontanée ! Tant mieux. Il n'empêche que nous nous sommes mariés pour être heureux et avoir beaucoup d'enfants. D'une façon ou d'une autre.

Ça aurait pu être un beau cadeau de mariage. Mais non. Je vais même un peu déchanter après une nouvelle tentative ratée à l'Institut Montsouris. J'ai subi une hystérographie, c'est-à-dire une radio de l'utérus et des trompes. De nouveau, le liquide de contraste n'a pas franchi le col. J'apprends à ce moment, en parcourant un compte rendu opératoire, que mon médecin m'a implanté les embryons « par voie transmyométriale », c'est-à-dire à travers le myomètre, la couche musculeuse interne de la paroi utérine. Je commence à m'y connaître un peu en anatomie féminine. Même si je n'ai pas fait médecine, je me doute bien que les récentes tentatives n'avaient aucune chance d'aboutir, ce qu'un autre spécialiste me confirmera ensuite. Mon médecin m'annonce qu'il va finalement tenter une nouvelle intervention chirurgicale pour, encore une fois, essayer d'ouvrir le col. Comme toujours, elle échouera. J'ai la sensation désagréable d'être devenue un cobaye. Un simple cas clinique anonyme. J'en ai assez.

*

Si certaines y parviennent et pas moi, peut-être est-ce parce que je n'ai pas choisi le bon docteur. Le célèbre professeur René Frydman, le « père » d'Amandine, premier bébé-éprouvette français, a essayé de me dire que ce n'était pas une question de médecin. Il ne m'a même pas fait payer. Après m'avoir gentiment écoutée, il a suggéré que, vu l'épaisseur de mon dossier médical, j'avais peut-être essayé tout ce qui était humainement et psychologiquement possible. Une fois de plus, je ne peux pas l'entendre. À la même période, une de mes amies, « fille DES » comme moi, vient d'accoucher d'une petite fille après avoir consulté un autre médecin, un célèbre spécialiste, coqueluche des médias. Et si je lui demandais son avis ? Il est débordé, expéditif et pas particulièrement aimable. Mais il semble prêt à me prendre. Une de mes amies donne naissance à des triplés grâce à lui pendant la période où il me suit. Il a l'air doué, même s'il est cher : 120 euros la consultation express de dix minutes, et en dépassement d'honoraires évidemment. Que dire ? Un enfant, ça n'a pas de prix, si ? Damien plie une dernière fois. Ce seront nos deux dernières tentatives de FIV ; deux FIV et un transfert d'embryons congelés supplémentaire, en fait. Surtout que cet illustre médecin opère à la prestigieuse – et très onéreuse – clinique de la Muette, dans le XVIe arrondissement de Paris. Une grande partie de nos économies y passe. C'est Damien qui tient les comptes. À cette époque, chaque mois, au moins 1 000 euros s'envolent en frais médicaux non remboursés. Il va falloir se calmer. On ne va pas pouvoir continuer à ce rythme très longtemps.

Quand j'y repense, je me demande parfois comment j'ai pu m'infliger tout cela. Si ce n'est que l'espoir d'un bébé fait vivre. J'étais déterminée à explorer toutes les possibilités et je ne le regrette pas. Toutes les femmes qui sont passées par là me comprendront. Je suis aujourd'hui bien consciente que, à l'époque, mon existence entière tournait autour de cela. Les soirs de piqûre, je préférais mettre notre vie sociale entre parenthèses. Comment accepter une invitation à dîner quand on doit penser à sa piqûre de déclenchement le soir, à heures fixes ? Quand on essaie de rester un minimum discret, il est délicat d'arriver chez des amis avec une bonne bouteille… et des gélules à conserver au frigo ! Et je ne parle même pas de la vie professionnelle, forcément bousculée.

J'ai profité de cette période pour valider ma formation et devenir professeure des écoles. Heureusement que je nourris ce beau projet et que Damien me soutient. À de rares exceptions près, aucun médecin ne s'est intéressé à ma vie, à mon moral. Il faut croire qu'ils sont diplômés en gynécologie, pas en psychologie. J'en ai gros sur le cœur, mais ils ne sont pas cardiologues non plus. À part Sylvie Epelboin et Silvia Alvarez, le dernier médecin que je consulterai, je n'ai croisé de perles rares que dans les livres de Martin Winckler, finalement ! Dans la vraie vie, la plupart des praticiens sont complètement déconnectés de nos préoccupations ou des contingences du quotidien. Le métier de gynécologue-obstétricien se résume souvent à faire se rencontrer un ovule et un spermatozoïde. Et moi, dans l'histoire ?

Damien n'a pas oublié le soir où je suis rentrée paniquée parce que je n'avais trouvé mon nouveau traitement nulle part. Je sortais d'un rendez-vous fixé en fin d'après-midi, le médecin était en retard, la prescription avait été rédigée à la va-vite. « Commencez les injections dès ce soir si vous voulez », m'avait dit le médecin. Tellement pressée de m'y remettre, je n'avais même pas songé à lui demander si on était à un jour près. Impossible de trouver le produit prescrit dans les pharmacies alentour. On m'a proposé de le commander pour le lendemain, mais c'était hors de question. J'ai retrouvé Damien, qui rentrait à peine du travail, et nous sommes repartis immédiatement pour Paris en quête de la fameuse injection. On a marché plus de deux heures, jusqu'à extinction des feux de toutes les officines de la capitale. Dans ces moments-là, on est obsédé. Je suis obsédée. Je crains de tout gâcher, de compromettre le protocole, de ruiner notre projet de bébé. Heureusement j'ai finalement trouvé sur Internet la solution qui a sauvé notre soirée. Un précieux numéro de téléphone qui ne quittera plus jamais la porte de mon frigo : un service de coursier en pharmacie ! Ce prestataire a trouvé mon médicament. Un jeune homme me l'a livré… à minuit. On aurait pu s'épargner ces heures de stress si le médecin avait pris le temps nécessaire pour m'expliquer le protocole et le degré d'urgence. J'aurais certainement pu commencer le traitement le lendemain, mais dans le doute je n'ai pas osé. Trop souvent, les praticiens n'expliquent rien.

Une autre anecdote se révèle encore plus tragicomique, puisque notre zèle nous a poursuivis jusqu'aux Seychelles, au paradis, pendant notre voyage de noces. Damien et moi avions prévu de reprendre les traitements : cycle classique, avec des piqûres de stimulation à heures fixes. Seul souci : on s'était aperçus que le début du protocole mordait sur les trois derniers jours de notre voyage. Bien sûr, il faut continuer de vivre. Mais je voulais continuer d'espérer aussi. Pas question de prévoir une assurance annulation cette fois : nous avons décidé d'intégrer les premières piqûres dans notre planning. Nous avons acheté de petits blocs de froid pour protéger nos précieuses gélules en soute. Nous avons même calculé les moments des premières injections en fonction du décalage horaire. Il y avait un seul obstacle. Et pas des moindres. La troisième piqûre tombait pile le jour du vol retour, juste avant l'heure du décollage. Introduire une seringue en salle d'embarquement paraît impossible et devrait être impensable. Ça ne nous a pas arrêtés. Nous avons trouvé une solution pour cacher une seringue dans un bagage à main. On l'a fait. Ça a marché. Et Damien m'a fait ma piqûre, à l'heure prévue, dans les toilettes pour hommes de l'aéroport. On s'est cachés là pendant de longues minutes et on a jeté la seringue comme deux dealers, juste avant d'embarquer. On en plaisante encore aujourd'hui. Était-ce bien raisonnable ? Non, je sais bien. Et dire que ce protocole-là n'a pas marché non plus… C'était bien la peine.

Je repense à cette copine qui, pendant le tournage du documentaire de Stéphane Mercurio, plaisantait au sujet du potentiel hautement antiérotique de tous ces protocoles. Elle avait raison ! Si le Distilbène n'a pas gâché mon voyage de noces sous les cocotiers, il l'a singulièrement compliqué… Et encore, je connais des « filles DES » qui, à cause de la nature de leurs malformations ou des divers protocoles, ont vu leur vie intime se dégrader au point de faire voler leur couple en éclats. Heureusement, j'ai échappé à cela. Moi, je n'ai eu que des traitements, certes pas toujours faciles à supporter. Ils m'ont même poursuivie pendant toute la préparation de mon mariage. Je m'inquiétais sans cesse de devoir retoucher ma robe. Pas seulement dans l'éventualité d'une grossesse, mais surtout parce que certaines piqûres peuvent vous faire gonfler de deux tailles en un rien de temps. Dire que Damien a supporté tout cela ! Je me souviens aussi d'un réveillon chez mes beaux-parents où j'attendais fébrilement le résultat d'un protocole. Une fête inoubliable : je ne pouvais ni bouger ni rester à table, alors on m'apportait gentiment à manger dans un fauteuil près de la cheminée, comme à une petite vieille. Pour rentrer, il a même fallu rabattre le fauteuil en position allongée. Encore un dîner réussi.

À chaque fois que je décachette une enveloppe avec mes résultats d'analyses, mon bêta-hCG est inférieur à cinq. Je ne suis pas enceinte. Toujours pas. À chaque fois, je refuse d'y croire. Je lis et je relis la feuille comme si j'avais le pouvoir de changer les choses, en espérant que quelqu'un ait glissé dans mon enveloppe la feuille d'une autre. Pendant de longues minutes, je garde même les yeux secs tellement je suis anéantie. Je suis dans le déni. Il n'y a que lorsque je m'autorise à pleurer, enfin, que j'accepte ce qui m'arrive. Ces larmes sont toujours très violentes, mais elles me soulagent d'une partie de ma peine.

*

Peu à peu, je vais me confronter à la dure réalité. Je dois comprendre que, peut-être, cela ne marchera jamais, que je dois m'y faire. À la clinique de la Muette, ce n'est guère plus concluant. Nous vivons nos derniers essais. Après la première tentative avec ce nouveau médecin, on me fait subir une échographie en urgence : mon utérus est constellé de kystes. La suite du protocole se déroule plus normalement. Quand le moment du transfert d'embryons approche, Damien ne saute pas de joie à l'idée de se plier à un nouveau prélèvement de sperme dans cette clinique. D'autant que c'est beaucoup plus désagréable qu'à Montsouris. Il n'en peut plus. Damien a l'impression de déambuler dans une « usine à bébés », une mécanique sans âme. Les hommes font la queue au même comptoir en attendant qu'une secrétaire contrariée et contrariante leur tende un flacon en plastique. Les couloirs et les escaliers sont interminables. Tout le monde se croise avec sa semence à la main. Sans parler des salles de prélèvement qui ressemblent à des placards à balais. Que ne ferait-on pas par amour ? Je tente de me persuader – et de convaincre Damien – que c'est la dernière ligne droite. Nous allons donc essayer trois fois encore. Pour récolter trois nouveaux échecs.

Chaque déception est un peu plus douloureuse que la précédente. En plus, la clinique de la Muette facture des prix exorbitants, et souvent il faut compter trois nuitées. Cette clinique est censée proposer de la haute couture en matière de gynécologie. Avec mon nouveau docteur, à deux reprises j'ai connu des « frémissements de grossesse ». Ce premier faux espoir reste une énigme. C'est ma gynécologue de ville qui s'est aperçue que quelque chose se passait. Je venais de commencer un nouveau protocole et j'étais déjà pliée en deux de douleur. Elle m'a fait une prise de sang et m'a envoyé un e-mail que j'ai toujours : « J'ai vérifié le résultat auprès de plusieurs laboratoires pour ne pas vous dire de bêtise, m'annonce-t-elle. Votre bêta-hCG est à 15... » C'est « faiblement positif ». En d'autres termes, je ne suis « pas très enceinte ». Est-ce que, par hasard, j'aurais pu tomber enceinte naturellement ? On ne le saura jamais. Deux jours plus tard, une nouvelle prise de sang annonce que mon bêta-hCG a baissé de plus de la moitié. Mon tout petit début de grossesse ne va pas durer. Et le même scénario va se reproduire après une nouvelle FIV deux mois plus tard : après le transfert de deux embryons par voie naturelle, on m'annonce un nouveau test « faiblement positif ». Deux jours plus tard, tout espoir de grossesse s'est envolé.

C'est dur. À vivre et à raconter.

Même si je garde le moral, Damien a peur que j'y laisse ma santé. Pour une victime des labos, il trouve que j'accepte un peu trop de traitements dont je ne mesure pas forcément la teneur ni les potentiels effets secondaires. Il trouve aussi que mon médecin va trop loin. Lors de notre dernière tentative avec lui, mon taux d'œstradiol est monté à plus de 15 000, soit six fois le taux acceptable. Un taux si élevé que le laboratoire a même fait réétalonner sa machine, pensant à une défaillance technique ! Non, ce n'était pas une erreur. Une secrétaire m'annonce alors, par téléphone, qu'on va « faire une pause ». Je dois « reprendre rendez-vous, mais pas avant plusieurs mois ».

Je n'ai jamais rappelé. Je me suis rangée à l'avis de Damien. Il fallait s'arrêter là.

Il était temps de passer à autre chose…

Chapitre 6

Le Distilbène à la barre

> « Les produits et les services doivent, dans des conditions normales d'utilisation ou dans d'autres conditions raisonnablement prévisibles par le professionnel, présenter la sécurité à laquelle on peut légitimement s'attendre et ne pas porter atteinte à la santé des personnes. »
>
> Article L. 221-1
> du code de la consommation

Mon premier procès s'ouvre aujourd'hui. Pas le mien, pas encore : celui de deux victimes contre les fabricants du Distilbène. Nous sommes le 29 mars 2002, une date capitale. J'ai inscrit le rendez-vous en grosses lettres dans mon agenda. J'ai eu du mal à prendre ma journée. Peu importe, il fallait que je sois là.

Je suis partie très tôt pour ne pas être en retard. D'autres membres de notre association attendent devant le tribunal de grande instance de Nanterre, près de Paris. Le stress et la curiosité sont aussi au rendez-vous. Je n'ai jamais mis les pieds dans une salle d'audience avant. Je n'ai aucune idée de la façon dont cela se passe.

Tout ce que je sais, c'est que l'instant est solennel. Pour moi, pour des milliers de victimes et pour deux femmes courageuses en particulier. Deux « pionnières » de la cause : le 29 mars 2002, Nathalie, 33 ans, et Ingrid, 28 ans, vont enfin demander réparation pour leur cancer. Pour la première fois en France, deux « filles DES » engagent une action judiciaire contre UCB Pharma, le laboratoire belge qui a fabriqué le Distilbène. Une dizaine de victimes atteintes d'un cancer du vagin ou du col utérin ont lancé leur action en 1991. Onze ans pour se faire entendre. Il a fallu traduire des centaines d'études scientifiques et batailler plusieurs années pour que les plaignantes obtiennent une expertise. Face à une procédure interminable, la plupart ont abandonné, de guerre lasse.

Mais pas toutes.

La petite salle d'audience du tribunal de Nanterre s'est naturellement divisée en deux groupes. Deux camps. À gauche, les bancs sont bondés, remplis d'amis et de sympathisants des plaignantes. À droite, les rangs des avocats de la défense sont plus clairsemés. Même si je ne connais pas personnellement Nathalie et Ingrid, je voulais, comme d'autres victimes du DES, leur apporter mon soutien. Elles sont représentées par deux avocates, Anne Sourcis et Martine Verdier, du barreau d'Orléans. Le rideau de la justice se lève. Voilà donc comment une audience se déroule ! Ce qui avant tout me marque, c'est la vitesse à laquelle tout défile ; onze ans pour se faire entendre et moins d'une heure pour exposer son cas…

Les deux avocates vont se répartir les rôles. Tandis que l'une détaille le préjudice infligé aux victimes, l'autre dresse l'historique de la molécule. Tout y passe en accéléré : la fausse bonne idée de Dodds, la commercialisation précipitée, les mises en garde de Dieckman en 1953, et surtout l'étude majeure de Herbst en 1971, qui a conduit les États-Unis à interdire le produit bien avant la France.

Pour convaincre le tribunal que le laboratoire a fait fi en toute connaissance de cause des conclusions alarmantes sur les effets du Distilbène, les avocates ont épluché et fait traduire des centaines d'études, contacté des dizaines d'experts. Leurs plaidoiries sont claires et surtout très humaines. Les vies de Nathalie et d'Ingrid défilent en quelques minutes. Leurs deux souffrances sont singulières et similaires à la fois. Un même médicament prescrit à leur mère. La découverte, très jeunes, d'un cancer à cellules claires du vagin rarissime qui ne frappait jusque-là qu'au moment de la ménopause. Un lourd parcours médical. L'ablation de l'utérus et d'une partie du vagin. La peur de la mort et le deuil de l'enfant biologique. De l'enfant tout court, peut-être… Les interventions de la partie adverse me paraissent plus mécaniques, plus factuelles. Les laboratoires s'emploient à jeter un doute sur la nature exceptionnelle des pathologies des plaignantes. « Des cancers précoces de ce type ont été relevés en Norvège, où le DES n'a jamais été commercialisé », souligne la directrice médicale d'UCB Pharma France de l'époque dans un entretien accordé à *L'Express* qui sera publié en mai 2002. Les échanges entre les deux parties sont froids, cinglants parfois, mais les victimes ne sont pas malmenées. À ma grande surprise, à aucun moment les plaignantes ne seront appelées à « témoigner à la barre ». On n'est pas dans un feuilleton américain mais à Nanterre, en France. Si c'est trop douloureux pour elles, les plaignantes ne sont pas obligées de venir.

À la fin de l'audience, les avocates se sont engouffrées dans la forêt de micros qui attendait dehors. Je me dis que c'est bon signe, que les choses commencent enfin à bouger, que davantage de victimes seront maintenant informées. Nous nous sommes vues juste après, Nathalie et moi. Même si elle savait que son parcours judiciaire risquait d'être encore long, elle était soulagée que cette première audience soit passée. Tous, nous avons scruté le visage des juges. Personne n'a osé émettre le moindre pronostic.

Les juges avaient-ils été émus et, surtout, convaincus par leur histoire ?

Deux mois plus tard, le tribunal a rendu son délibéré : le 24 mai 2002, la première chambre du tribunal civil de grande instance de Nanterre reconnaissait la responsabilité du laboratoire UCB Pharma dans leur maladie ! Je ne sais plus qui me l'appris par téléphone ni qui j'ai ensuite prévenu à mon tour. Mais cette décision a rendu tout le monde euphorique. Même si la route était encore longue – après avoir été condamné à leur verser la somme de 15 244 euros à titre de provision et en attendant une expertise qui fixera le montant définitif du « préjudice corporel », UCB Pharma pouvait et allait faire appel –, c'était une première victoire fondamentale pour les victimes françaises. D'autres journalistes ont cueilli la première réaction des deux jeunes femmes. Nathalie et Ingrid ont eu du mal à réaliser. Elles attendaient ce verdict depuis plus de dix ans, et il est tombé en quelques secondes.

« Nous avons entamé cette procédure pour nous, mais aussi pour les autres, dit Nathalie dans *Libération* après sa première victoire, le 25 mai 2002. J'espère sincèrement que cela va pousser celles qui hésitent à agir. »

Les filles ont gagné la première manche, mais la procédure est loin d'être bouclée. L'avocate Martine Verdier signale toujours que, en matière judiciaire, il y a trois stades en France : un tribunal de grande instance, une cour d'appel et la Cour de cassation. Et qu'il vaut mieux se dire que les laboratoires épuiseront tous les recours. Ingrid et Nathalie ne sont donc pas surprises quand le laboratoire fait appel. Elles vont encore se battre pendant quatre ans.

*

À cette époque, je ne peux m'empêcher de me demander si j'aurai un jour leur courage. Comme beaucoup de victimes, je suis pétrie de doutes. Je peux citer quantité de raisons qui me freinent. J'ai peur que cela me coûte trop d'argent, trop de temps, trop d'énergie. J'ai peur de ne pas avoir « l'esprit à ça », car c'est à ce moment que je projette de me lancer dans l'éprouvant parcours de la PMA. Je suis à l'aube – je ne le sais pas encore – de mes nombreuses FIV. J'ai aussi peur d'échouer, tout simplement, et de me noyer dans un combat perdu d'avance. J'ai peur qu'on ne me prenne pas au sérieux. Les premières plaignantes sont atteintes de cancers graves, et j'ignore si ma malformation utérine pèsera assez lourd dans un prétoire. Quel est mon poids à moi, pauvre victime, face à ces labos tout-puissants ? À l'époque, les laboratoires incriminés exigent des plaignants qu'ils fournissent le maximum de preuves, dont les ordonnances originales de leur mère, vieilles souvent de plus de trente ans ! C'est mission impossible. Je crains un peu le combat du pot de terre contre le pot de fer…

Martine Verdier pense, elle, que j'ai un dossier solide. Elle en est convaincue depuis longtemps. Elle m'en avait déjà parlé quand je militais au Réseau DES. J'ai la chance de posséder l'« attestation » du gynécologue de ma mère où il reconnaît lui avoir prescrit du Distilbène pendant sa grossesse. Lentement, j'ai commencé à rassembler les pièces importantes de mon dossier médical, à reconstituer mon parcours.

Si je décide d'assigner les laboratoires, je voudrais qu'elle me défende. Au fil des années, nous avons appris à nous connaître. Quand Anne Sourcis, qui a plaidé les premiers dossiers avec elle, s'est retirée du barreau, maître Verdier est devenue pour moi l'avocate emblématique de la cause. Plus je la vois plaider, plus elle m'impressionne. J'ai eu l'occasion de la comparer avec d'autres, et de m'apercevoir qu'elle maîtrise tout, qu'elle est passionnée et, surtout, qu'elle connaît son affaire. Cependant, elle me laisse mûrir ma décision. C'est un aspect que j'apprécie chez elle : elle ne force la main à personne. « Il faut que vous soyez claire avec vos motivations pour entreprendre une action, dit-elle souvent. Et n'oubliez pas qu'il faudra être solide… »

Quand j'ai fondé ma propre association, Martine Verdier ne m'a jamais lâchée. Elle a toujours participé volontiers à nos réunions d'information. Elle est animée par une cause qui, pourtant, ne l'a jamais touchée personnellement. Un jour, elle m'a confié qu'elle n'avait jamais entendu parler du Distilbène avant de plaider son premier dossier sur la question. Elle est « tombée dedans » comme elle dit, mais elle s'est vraiment mouillée. Même si elle n'est pas médecin, elle a appris à apprécier la gravité d'un dossier médical par exemple. Il faut au moins cela pour tenir tête aux avocats affûtés des laboratoires. Au bout de quelques années, à force, c'est devenu une vraie spécialité. Il faut l'entendre s'animer quand elle en parle. Humainement, ce sont des dossiers très riches. En même temps, elle ne cache pas que c'est aussi très stimulant sur le plan strictement juridique. Au début, je ne comprenais pas trop ce qu'elle voulait dire quand elle parlait de « faire avancer le droit des victimes » ou de « créer une juridiction spécialisée ». Je n'ai pas saisi tout de suite pourquoi elle insistait tant pour lancer toutes les procédures à Nanterre. Pourquoi dans les Hauts-de-Seine ? Parce que c'est là que se trouve le siège du principal laboratoire. Et pourquoi toujours assigner au même endroit ? Pour que les juges du tribunal de Nanterre se familiarisent, peu à peu, avec cette affaire complexe. Au bout de quelques années, j'ai compris où elle voulait en venir.

Il y a un côté Erin Brockovich chez Martine Verdier. Qu'elle me pardonne, je ne dis pas cela parce qu'elle est blonde ! Non, il s'agit plutôt de sa détermination. Erin Brockovich, une activiste américaine incarnée au cinéma par

Julia Roberts dans un film de Soderbergh, avait mené son enquête pour prouver qu'une compagnie avait sciemment déversé des déchets toxiques dans une nappe phréatique. Malgré la réticence des habitants du village, elle avait réuni plus de 600 signatures de plaignants, dénoncé un énorme scandale écolo-politico-juridique et obtenu réparation.

Dommage que le concept américain de *class action* n'existe pas en France. La *class action*, aux États-Unis, est un principe de recours collectif qui permet à un grand nombre de personnes de poursuivre ensemble une personne, une entreprise ou une institution publique pour obtenir une indemnisation morale ou financière. À défaut, et pour frapper un grand coup, je sais que Martine Verdier rêverait de voir des centaines de procédures lancées en même temps. Un rêve que je partage bien sûr.

En attendant, les affaires affluent doucement mais sûrement au tribunal de Nanterre. On ne rendra jamais assez hommage aux premières plaignantes. Si leurs procédures ont été aussi longues, c'est parce qu'elles ont défriché le chemin et forcé un passage que personne, avant elles, n'avait osé emprunter. Grâce à leur ténacité, elles ont permis de poser les premières pierres de la jurisprudence française en la matière. Elles se sont battues pour elles, mais aussi pour toutes les autres victimes.

*

Je ne peux écrire ces lignes sans penser à Catherine, une autre victime qui s'est battue jusqu'à son dernier souffle. Au moment où sa procédure aboutit, je la connais sans la connaître. Nous ne sommes pas véritablement amies, mais, comme beaucoup d'autres internautes, je la croise souvent « en ligne » sur des forums de discussion liés au DES. Nul n'ignore qu'elle est très malade, mais que, malgré tout, elle tient à mener sa procédure jusqu'au bout.

Le 26 novembre 2004, son affaire est enfin plaidée devant le tribunal de Nanterre. C'est le troisième procès du Distilbène contre le laboratoire UCB Pharma. Catherine, 33 ans, se bat contre un cancer depuis cinq ans. Un volumineux dossier posé sur le pupitre de son avocate donne une idée de ses souffrances. Elle a tout enduré : une ablation de l'utérus et des ovaires, des chimiothérapies, un cancer qui récidive en 2003 et touche la vessie et le péritoine. Elle attaque le laboratoire parce que sa mère a pris du Distilbène pendant sa grossesse. Quand son procès s'ouvre, ses jours sont comptés. Martine Verdier a demandé et obtenu que le tribunal avance la date de l'audience. Sans perdre de temps, elle dresse une nouvelle fois l'historique du diéthylstilbestrol, à partir de l'invention de la molécule par Dodds, en 1938. Elle rappelle le décret qui, bien avant l'interdiction du médicament, interdit l'utilisation de la molécule dans la nourriture destinée aux animaux à cause de son effet cancérigène. Et, bien sûr, l'étude de Herbst qui prouve le lien entre l'exposition *in utero* au DES et les cancers ACCC (adénocarcinomes à cellules claires) survenus chez des femmes jeunes comme Catherine.

Les deux avocates du laboratoire déroulent leur plaidoirie à leur tour. Leurs arguments sont connus depuis les premiers procès. Sur le plan du droit, elles s'étonnent que l'on applique des textes de loi postérieurs à l'exposition au Distilbène de la plaignante. Elles dénoncent aussi la « partialité » des experts judiciaires, accusés de mener « une croisade contre l'industrie du médicament ». Elles contestent que, en 1970, le corps médical ait eu connaissance de la nocivité du DES et récusent le lien de causalité obligatoire entre l'exposition au Distilbène et le cancer de Catherine. Selon des témoins de l'audience, c'est froid mais efficace. Un proche de Catherine croit ne pas avoir entendu un seul mot de compassion pour son amie.

Le 17 décembre 2004, le laboratoire est condamné : le tribunal a estimé qu'il « doit être reproché à UCB Pharma d'avoir manqué à son obligation de vigilance, et commis une série de fautes en ne surveillant pas l'efficacité du produit, et ce nonobstant les avertissements connus en littérature médico-scientifique ». Les experts médicaux, cités dans le jugement, ont estimé que la victime, Catherine, n'avait pour sa maladie « pas d'autre facteur de risque que celui d'une exposition au DES *in utero* ». Fait inédit jusqu'alors, la firme est condamnée à payer 310 000 euros de dommages et intérêts aux ayants droit de la victime.

« J'aurais voulu lui annoncer ça par téléphone. Aujourd'hui ce n'est plus possible », dit Paule, la mère de la victime. Catherine ne pourra fêter sa victoire : elle est morte trois semaines avant ce jugement historique. Elle n'apprendra pas non plus que le laboratoire a fait appel.

*

Martine Verdier avait raison. Il faut être solide. Ingrid et Nathalie, les premières à avoir gagné leur procès contre les labos, ont attendu quinze ans ; elles ont décidé de porter plainte en 1991 et n'ont obtenu leur expertise qu'en 1999. Lors de leur premier procès, en 2002, le tribunal de grande instance de Nanterre a retenu la responsabilité du laboratoire au titre du vice caché en considérant « qu'en vertu de l'article L. 221-1 du code de la consommation, qui édicte une obligation de sécurité à la charge du fabricant, un laboratoire doit répondre d'une responsabilité sans faute à raison de la défectuosité de son produit, révélée par l'atteinte à la santé, sans rapport avec l'objet normal de son utilisation ». La juridiction de première instance a justifié sa condamnation sur la base de la défectuosité du produit. Mais le laboratoire a décidé de faire appel. « Pour peu satisfaisante qu'elle soit sur le plan financier à l'égard du laboratoire UCB Pharma, cette décision avait le mérite de laisser intacte la réputation de ce dernier, en se contentant de le condamner aux conséquences d'un "manque de chance" dans le suivi de la commercialisation du DES et sans se prononcer sur une éventuelle faute », s'étonne le juriste Didier Charles dans un chapitre consacré aux aspects médico-légaux du Distilbène, dans *Le Distilbène, trente ans après.* En 2004, le laboratoire est débouté. En outre, la cour d'appel de Versailles reconsidère sa position et statue sur une faute : « Le fabricant de Distilbène a manqué à son obligation de vigilance et a commis une série de fautes en ne surveillant pas l'efficacité du produit litigieux et ce, nonobstant les avertissements contenus dans la littérature médico-scientifique, notamment en 1939 et en 1962-1963. »

La procédure ne prend fin qu'en 2006, après un ultime pourvoi du laboratoire en cassation. Mais, le 7 mars 2006, deux arrêts rendus par la plus haute juridiction française confèrent un caractère définitif aux deux condamnations précédentes prononcées à l'encontre du laboratoire UCB Pharma. La Cour de cassation consacre alors le « principe de l'obligation de vigilance ». Autrement dit, un fabricant doit réagir dès qu'il a certaines informations ou nourrit le moindre doute. « Distilbène : la responsabilité du laboratoire confirmée par la Cour de cassation », titre le quotidien *Le Monde* au lendemain du jugement. Et d'expliquer que le laboratoire aurait dû être plus vigilant dès la mise en garde de Dieckman, en 1953.

« Il faut être fort et savoir pourquoi on se lance », rappelle toujours Martine Verdier. Il faut une bonne raison d'attaquer, parce que c'est un long chemin. Combien ont abandonné en cours de route ? Beaucoup. Certaines victimes ont été déboutées aussi, faute de preuves ou de documents. Cela arrive. Pour tenir, je retiens qu'il faut aussi se battre pour une question de principe. Pour les autres. Au bout de quinze ans, grâce à leur persévérance, Ingrid et Nathalie ont établi une jurisprudence qui sert encore les victimes aujourd'hui. En rejetant les pourvois du laboratoire contre l'indemnisation des deux plaignantes, la Cour de cassation a ouvert la voie à un très grand nombre de procédures.

*

Peu à peu, de nouvelles victimes commencent à se faire entendre. En juin 2005, le tribunal de grande instance de Nanterre a ainsi condamné la société UCB Pharma à verser 802 000 euros, répartis selon la gravité des cas, à huit femmes atteintes de cancers ou de malformations, et dont les mères avaient pris du Distilbène durant leur grossesse. Pour la première fois, les conjoints ou compagnons des plaignantes sont eux aussi pris en compte. Les juges ont estimé qu'ils avaient également subi un préjudice moral dans l'affaire, et ils ont demandé que leur soit accordée une indemnisation de 2 000 à 5 000 euros.

Martine Verdier a raison. Le droit est en train de bouger en faveur des victimes.

Combien d'autres plaignants potentiels vont maintenant se manifester ? À la suite de ces procès médiatisés, beaucoup ont contacté maître Verdier et, sans doute, nombre de ses confrères. Mais combien vont vraiment lancer une procédure ? Encore une minorité. L'avocate les laisse venir. J'imagine qu'elle tient à chacun le discours qu'elle m'a tenu : « Peu importe ce que vous déciderez, mais commencez par reconstituer votre dossier médical. » Ça m'a pris du temps, mais c'est le meilleur conseil que j'aie reçu. J'ai commencé à réclamer à chaque établissement que j'avais fréquenté les comptes rendus opératoires, qui ne sont jamais remis automatiquement aux patients. À l'époque, je suis en plein parcours de procréation médicalement assistée. J'ai donc rassemblé tous mes courriers de la Sécurité sociale. J'ai rédigé mon historique médical, aussi. Tous ces documents sont importants devant un tribunal puisqu'ils prouvent le temps passé et les grandes difficultés des victimes à concevoir un enfant. J'ai donc fait le bilan, encore provisoire, de mes interventions chirurgicales et de mes tentatives de FIV. Je n'ai pas oublié de compter mes arrêts de travail.

Mon dossier n'est pas mince. Je me bats depuis si longtemps pour devenir mère, en vain. J'ai souffert dans ma chair en espérant mener une vie normale. En rédigeant la chronologie de mes interventions chirurgicales et des diverses autres procédures que j'ai engagées, je mesure concrètement le temps que j'ai perdu et combien d'argent j'ai déjà dépensé en frais médicaux. Combien mes traitements ont coûté à la collectivité aussi. Soudain, tout cela me paraît inacceptable. Est-ce que je me sens capable de déposer plainte ?

*

C'est en me posant cette question que m'est revenu à l'esprit un épisode déplaisant. Il s'agit de mon premier travail, un « emploi jeune » au sein d'une association. Un poste très mal payé et mal défini où on m'a manipulée. J'adorais ce que je faisais. Une de mes responsables hiérarchiques en a profité. Progressivement, j'ai commencé à rester le soir, les week-ends, à ne plus prendre de pause, même à l'heure du déjeuner, à cause de la charge de travail. Des collègues se sont inquiétés pour ma santé. Ils avaient raison. Sauf que, lorsque j'ai commencé à émettre certaines réserves, j'ai perdu les tâches les plus intéressantes de mon poste, et on s'est mis à me dénigrer en public. Jusqu'au jour où j'ai reçu une lettre de licenciement pour « inadaptation ». Un licenciement sec, sans que mes heures supplémentaires ou mes congés me soient payés. J'ai pris rendez-vous auprès d'une permanence juridique gratuite où l'on m'a expliqué que j'avais certainement été victime de harcèlement moral et que, dans ce type d'affaire, j'avais une chance sur deux de gagner. J'ai consulté une amie avocate de ma mère, qui a rédigé un courrier comminatoire. Mes employeurs ont tout de suite voulu négocier. Le conflit s'est réglé « à l'amiable ». J'ai touché mes indemnités et l'affaire n'est pas allée aux prud'hommes.

Pourquoi cette anecdote ? Parce que cette histoire m'a laissé un arrière-goût amer. J'ai appris quelques mois plus tard que la responsable de mes souffrances n'avait pas été sanctionnée. Pire encore, elle s'était comportée de la même manière avec la personne qui m'avait succédé. Ce jour-là, j'ai regretté d'avoir « négocié », de ne pas être allée en justice. Il y a des choses avec lesquelles on ne transige pas. J'aurais dû me battre pour les autres.

Je crois que je suis prête. J'ai mûri.

Cette procédure, j'en ai besoin comme d'une reconnaissance de ma souffrance. Je veux que l'on sache la vérité. Que l'on entende que ce n'est pas ma faute si je ne peux pas avoir d'enfants. Que j'aurais pu être épargnée. Qu'on aurait dû faire plus attention. Je veux que la justice mette un nom sur le ou les coupables et condamne le scandale dont j'ai été victime. Je veux que l'on sache que je ne suis pas seule pour, ensuite, peut-être, donner à mon tour la force à d'autres de défendre leurs droits.

Le cabinet de Martine Verdier, à Orléans, est encombré de dizaines de dossiers en sommeil comme le mien. Régulièrement, elle archive ses affaires en suspens. Elle fait le tri. Elle a accompagné Nathalie, Ingrid, Catherine et bien d'autres encore jusqu'au terme de leurs procédures. Vais-je ajouter mon nom à cette liste ?

Un jour, elle a fini par me poser la question.

« Au fait, Stéphanie, vous donnez suite ? »

Oui.

Chapitre 7

L'adoption, un parcours du combattant

> « La vie est un combat pour avoir des instants de bonheur. Si on veut être heureux, il est nécessaire de se battre. »
>
> Ma devise, selon une psychologue…

« Alors, c'est pour quand ? »

Je ne me rappelle plus quelle collègue m'a posé la question en premier. Je sais en revanche que cette première fois n'a pas été la dernière. On dira que je l'ai un peu cherché et on n'aura pas tort. Si l'on devient institutrice, c'est qu'on aime les enfants, non ? D'aucuns disent même que c'est « le » métier idéal quand on est maman. Je confirme. Du moins, quand on peut l'être. Il suffit qu'on apprenne que je suis jeune mariée pour que la rengaine commence : « Alors, Stéphanie, les enfants, c'est la prochaine étape maintenant ? »

En général, et sans mentir, je concède un « Oui, j'espère » en implorant que la fin de la récré sonne. Dès que la cloche retentit, je retourne vite m'isoler au milieu des enfants. Ils ont d'autres préoccupations, heureusement.

C'est moi qui ai voulu travailler en classe de maternelle avec les tout-petits. À l'IUFM (l'institut universitaire de formation des maîtres), on m'aurait bien vue enseigner en primaire. Pour certains, c'est plus valorisant sans doute. Pas pour moi. J'ai toujours eu un contact privilégié avec cette classe d'âge. À 3 ou 4 ans, ils ont encore tout à découvrir. À défaut d'élever mes propres enfants, je prends mon métier de professeure des écoles très à cœur. Damien se moque souvent de moi quand je transforme notre salon en annexe de ma salle de classe. Il a essuyé nombre de soirées bricolage où je l'ai mis à contribution. Au menu, ce soir, un atelier découpage pour la fête des mères ! Il ne bronche pas, il est merveilleux. Voilà mon homme qui part couper du bois pour réaliser des petits panneaux pour chaque élève. Ensuite, armé d'un pistolet à colle, il écrit consciencieusement le prénom de chaque enfant, lettre par lettre. Il adore aussi me voir collectionner les bouchons de bouteilles de jus de fruit (ça permet d'apprendre les couleurs aux élèves) ou les bouchons de champagne (très efficaces pour peindre sans trop se salir). Évidemment, quand nous allons au parc, le week-end, Damien ramasse avec moi des feuilles ou des marrons. Enfin, il va sans dire que le Salon du livre de la jeunesse de Montreuil n'a plus de secret pour lui ! J'ai du mal à fixer des limites entre mon travail et ma sphère privée. Peu importe : Damien me regarde toujours faire avec tendresse. Il n'ose pas le dire, mais il ne doute pas que je ferai une super maman, un jour.

Si mes élèves ne remplaceront jamais les enfants que je n'ai pas encore, je leur sais gré de m'occuper l'esprit.

En échange, je refuse de leur imposer mes états d'âme. Pendant les périodes où je tente des fécondations *in vitro*, je mets toujours un point d'honneur à passer prendre mes résultats d'analyses après la classe. Je pourrais aisément appeler le laboratoire pendant la récréation, mais je refuse d'infliger ma tristesse aux élèves. Ce ne serait ni professionnel ni productif de toute façon. Je leur dois d'être avec eux à 100 %, avec toute ma concentration et mon énergie. Une instit' ne passe pas ses journées à assembler des puzzles ou à superviser des « gribouillages ». Je l'ai compris dès ma première année d'enseignement, qui est pourtant censée être une année « protégée ».

J'ai exercé dans plusieurs écoles du Val-de-Marne. À chaque fois, j'ai eu droit à quelques « cas ». Je passe sur les petits tyrans capables de se rouler par terre en hurlant pendant une heure. Ça, je gère. En revanche, j'étais plus troublée par des enfants malheureux, issus de familles recomposées avec plus ou moins de bonheur. Je repense à un petit garçon de 4 ans en particulier, l'aîné d'une fratrie de quatre enfants nés de trois pères différents et élevés sans vraie figure paternelle à la maison. Seul le père du petit dernier passait parfois prendre le petit déjeuner, et encore. Sa mère, débordée par les enfants, ne s'en sortait pas. Je ne juge pas, j'essaie de comprendre des situations compliquées. Un jour, cet élève s'est blessé contre une armoire. Il voulait attirer l'attention. J'en ai parlé à sa mère. Cette femme, qui adorait son fils, m'a promis d'essayer de l'emmener chez le médecin. D'« essayer » – elle a été honnête. Encore une mère qui gère comme elle peut.

À l'école, j'ai côtoyé toutes sortes de mamans. Pour beaucoup, formidables. Des femmes souvent aimantes et investies. Et puis d'autres, un peu moins. Il est arrivé à certaines d'oublier de venir chercher leurs enfants. D'autres courent dans tous les sens et crient après leurs enfants. D'autres encore lèvent un peu trop facilement la main sur leurs petits ou les laissent à l'école avec 40 °C de fièvre.

Beaucoup de mères, aussi, se plaignent d'être « encore enceintes ». Je prends sur moi. Je ne les connais pas, je n'ai pas à les juger. Mais j'observe que toutes ces femmes ont le droit de faire autant d'enfants qu'elles le veulent, sans rendre de comptes à personne.

Moi, je dois rendre des comptes. Constamment.

J'ai passé un nombre d'examens incalculable. Des examens médicaux, déjà, par dizaines. Silvia Alvarez, la dernière spécialiste en procréation médicalement assistée que je vais consulter, me confirme que c'est assez. En 2007, c'est avec elle que je vais tourner la page de la PMA. Même si je sentais que mes traitements touchaient à leur fin, qu'il était plus raisonnable d'arrêter, j'avais encore besoin d'entendre un dernier avis. Une de mes amies me l'a recommandée. J'ai beaucoup insisté pour qu'elle me voie. Elle a cédé après que je lui ai envoyé une lettre. Silvia Alvarez a accepté de me recevoir à condition de nous parler à tous les deux, Damien et moi. Elle voulait se faire une idée de notre état d'esprit. Quand elle comprend les réserves de mon mari sur la cadence de mes traitements, elle lui donne raison. « Stéphanie, il faut que vous preniez une décision sage tous les deux », dit-elle. Touché. L'hyperstimulation de mes ovaires devient dangereuse pour mon organisme.

Elle me propose un compromis : de terminer par où nous aurions pu commencer, avec deux tentatives d'insémination artificielle simple. Je m'inquiète à cause de ma fichue sténose récalcitrante du col qui ne laisse rien passer. Elle y a pensé et fera appel à un collègue chirurgien le jour J. Même si les chances de réussite sont minces, c'est la seule solution raisonnable à me proposer. J'accepte. « Si ça ne marche pas, vous comprenez qu'il faudra tourner la page, envisager d'autres solutions ? » Cette fois, j'ai compris.

Ces deux ultimes tentatives n'ont pas fonctionné. Je m'y étais préparée. Malgré tout, j'ai le cœur rempli de reconnaissance pour Silvia Alvarez. Pour son écoute, son humilité et son sens de la psychologie. Avant de la quitter, je lui confie que Damien et moi avons décroché notre agrément pour adopter. Elle est ravie de l'apprendre et nous en félicite. Si un jour je suis mère, il faudra vraiment que je lui envoie un faire-part.

*

Est-ce que c'est cela, « faire le deuil de l'enfant biologique » ? Peut-être. Je crois que j'ai essayé tout ce qui était humainement possible et légal. Si la pratique avait été autorisée, je n'aurais eu aucune réticence à faire appel à une mère porteuse. Un jour, un médecin m'a même ouvertement suggéré de considérer cette option pourtant encore illégale en France. Me faire prêter un ventre ? Ce serait la solution sur mesure pour moi en la circonstance. Mon utérus est trop fragile. Et puisque je produis suffisamment d'ovocytes, il suffirait d'implanter un embryon fécondé par le sperme de Damien chez une autre... La GPA (gestation pour autrui) nous permettrait d'accueillir un enfant biologique dans un délai raisonnable, celui d'une vraie grossesse. Je connais des femmes qui ont tenté l'expérience et qui s'en félicitent. Laure Camborieux, par exemple. Elle est la présidente de l'association Maia, qui compte beaucoup de « filles Distilbène » et milite activement pour la GPA, notamment depuis qu'elle est elle-même passée par là. Ses jumeaux, Lou et Antoine, sont nés d'embryons conçus avec ses gamètes et ceux de son mari. Ils ont été inséminés dans l'utérus d'une mère porteuse, aux États-Unis, dans un État où la pratique est légale. Laure a un album photo à la maison. Jackie, leur mère porteuse américaine, a écrit quelques mots en anglais sur la première page : « J'ai commencé avec les images de ma famille, vous continuerez avec la vôtre. » Je trouve ça très beau, très sensible. Les enfants sont au courant. Laure ne leur a rien caché et a expliqué que « le ventre de maman était cassé ».

Aussi séduisante soit-elle, je n'ai jamais vraiment songé sérieusement à cette option. Je ne me voyais pas braver la loi française. J'ai vu suffisamment de copines étudier la question pour le savoir : « Toute convention portant sur la procréation ou la gestation pour le compte d'autrui est nulle », précise le code civil. En vertu des lois bioéthiques de 1994, révisées en 2004, le corps humain ne saurait être prêté, et le don de gamètes doit rester anonyme, ce qui condamne la pratique des mères porteuses. Même si un débat parlementaire sur la révision des lois de bioéthique est envisagé depuis longtemps, même si de plus en plus de voix s'élèvent en faveur d'une légalisation « encadrée », même si la pratique est tolérée en Belgique, au Danemark et aux Pays-Bas, et même autorisée au Royaume-Uni, en Grèce, en Inde, au Canada et dans plusieurs États américains, la question est loin d'être gagnée pour ces mères. Malgré tout, beaucoup de couples français, comme Laure et son mari, se rendent à l'étranger en espérant un avenir plus serein. Seulement, en attendant, la France refuse de reconnaître la filiation de ces enfants nés d'une mère porteuse. C'est injuste. Pour ma part, je serais incapable de supporter l'idée que mon bébé ne figure pas sur le livret de famille de ses parents, de devoir batailler pour l'inscrire à l'école publique ou à la Sécurité sociale.

Le 18 mars 2010, après un éprouvant bras de fer judiciaire, un couple français, Sylvie et Dominique Mennesson, s'est vu confirmer par un arrêt de la cour d'appel de Paris la filiation avec ses jumelles, nées elles aussi d'une mère porteuse aux États-Unis. Malgré cela, la transcription des actes de naissance américains de leurs enfants à l'état civil a quand même été annulée ! Je crois que je n'arriverai pas à supporter une telle épreuve. Je sors à peine de toutes mes tentatives pour tomber enceinte, je me décide enfin à porter plainte contre les laboratoires suite à mon exposition au Distilbène, je préfère m'en tenir à une seule bataille, une seule procédure à la fois.

*

Il est temps de nous consacrer exclusivement à l'adoption. Si l'idée nous séduit depuis toujours, autant Damien que moi, je ne peux m'empêcher de penser que c'est, peut-être, la dernière possibilité qu'il me reste de devenir mère. Je suis suffisamment renseignée sur la question pour savoir que c'est un nouveau parcours du combattant qui nous attend. Un long chemin à l'issue encore incertaine.

Damien me conjure d'y croire. J'y crois. Il ne faut pas flancher. Pas maintenant.

À la fin de mon parcours en PMA, nos démarches pour obtenir une adoption plénière sont déjà lancées depuis deux ans. Contrairement à l'adoption « simple », c'est une adoption irrévocable où l'autorité parentale est exclusivement dévolue aux parents adoptifs, qui donnent leur nom à l'enfant. Dès le début de notre histoire, nous avions demandé notre agrément. La demande est formulée, comme il se doit, auprès du président du conseil général de notre département de résidence. Ce n'est qu'un début... Notre inébranlable motivation va être mise à l'épreuve. Je me suis renseignée sur les dimensions psychologiques, éducatives, culturelles, administratives et judiciaires de l'adoption, sur les principes en matière d'adoption internationale, le nombre d'enfants adoptables, leur âge, leur situation... Toutes ces informations ne sont pas toujours très encourageantes.

Pour lancer la procédure, on nous demande aussi une « lettre de motivation » dans laquelle nous devons préciser pourquoi nous souhaitons adopter. Idéalement, j'aurais aimé accueillir une fratrie, mais nous sommes semble-t-il trop jeunes pour y prétendre, surtout pour une première adoption. Nous déclarons alors être ouverts à tout enfant de moins de 3 ans, fille ou garçon, quelle que soit son origine, pupille de l'État (mais les dossiers sont rares) ou né à l'étranger. Et, puisqu'il faut encore affiner notre choix d'un point de vue géographique, nous citons spontanément l'Amérique du Sud et l'Asie du Sud-Est, deux régions du monde où des amis ont déjà adopté avec succès. On croise les doigts. De toute façon, l'agrément n'est délivré qu'après une enquête en règle sur notre situation familiale et une évaluation psychologique de chacun de nous. Un véritable examen de passage nécessaire pour protéger les enfants. Mais très éprouvant. Tous les aspects de notre existence sont étudiés à la loupe. Nous devons ouvrir les portes de notre appartement, de notre intimité, de toute notre vie. Heureusement qu'il y a une chambre pour Anaëlle dans notre nouvel appartement : il paraît que faire visiter une chambre d'enfant est un plus... Chacun déroule ensuite son histoire personnelle pour la énième fois. Ne surtout pas donner l'impression qu'il peut y avoir des tensions. Mieux encore, laisser entendre que tout le reste de la famille, même si en réalité elle n'est pas au courant de notre projet, attend lui aussi cet enfant avec autant d'impatience que nous. Gommer les aspérités. Malgré son jeune âge, la fille de Damien se retrouve elle aussi impliquée. L'assistance sociale a souhaité rencontrer Anaëlle pour évaluer son « ressenti » face à la situation. Comment expliquer à une enfant de 8 ans qu'elle aura un jour, peut-être, un petit frère ou une petite sœur ? L'assistante sociale s'y est risquée et lui a promis que la famille s'agrandirait avant ses 10 ans. Anaëlle n'a jamais oublié cette promesse... non tenue.

Suite à ces entretiens, l'assistante sociale et la psychologue rédigent un rapport. Et moi, j'attends que la commission de notre département se prononce. Nous avons finalement décroché notre agrément au bout de neuf mois. Le temps d'une grossesse. Sauf que l'enfant est encore loin. Ce sésame indispensable est attribué pour un ou plusieurs enfants accueillis simultanément dans un délai de cinq ans. Et encore, il reste valable sous réserve d'être impérativement réactualisé chaque année auprès du conseil général. L'agrément est une condition nécessaire mais absolument pas suffisante.

Près de 8000 foyers français en moyenne obtiennent chaque année un agrément d'adoption pour 800 orphelins ou enfants abandonnés en France ! On n'a guère d'autre choix que de se tourner vers l'adoption internationale, qui nécessite non seulement l'obtention de l'agrément français, mais aussi l'accord du pays dont l'enfant est originaire. Pour adopter à l'international, je découvre qu'on peut emprunter simultanément trois voies : contacter les organismes autorisés pour l'adoption (OAA), présenter un dossier individuel dans les pays qui la proposent, ou s'adresser à l'AFA, l'Agence française d'adoption, créée en 2007. Chacune nous offrira son lot de surprises. L'aventure commence…

Une fois l'agrément obtenu, nous contactons naturellement les grands organismes habilités pour l'adoption. Pas tous, juste ceux autorisées dans notre département. Chaque OAA supervise des adoptions dans un nombre de pays restreint. Je veille donc à les choisir soigneusement en fonction de notre « projet », en sachant surtout que nous ne remplissons pas toujours les critères. Nous avons perdu deux ans, par exemple, à postuler dans des organismes agréés pour la Chine. « Perdu », car c'est après tout ce temps que, finalement, nous avons appris que Pékin refusait systématiquement tous les dossiers de parents ayant déjà des enfants biologiques. Même si Anaëlle ne vit pas avec nous, elle fait partie de la famille. Nous avons donc dû abandonner l'idée d'adopter un enfant né en Chine.

Nous avons alors tenté notre chance avec l'adoption individuelle en Colombie. Charge alors à nous de monter, seuls, notre candidature, de fournir tous les documents demandés et de s'adjoindre, souvent, les services d'un traducteur. C'est épuisant. Et compliqué quand on travaille. Les horaires des administrations sont rarement compatibles avec ceux de nos activités professionnelles, et le week-end tout est fermé !

*

Si toutes nos procédures ont été longues et difficiles, c'est l'Agence française d'adoption qui nous a offert la désillusion la plus cuisante. Pas qu'à nous, d'ailleurs. Cette entité, créée par le gouvernement Raffarin, est censée faciliter les contacts avec certains pays. L'idée est séduisante : l'AFA ne fait prétendument aucune sélection des candidats à partir du moment où ils répondent aux critères des pays concernés. Et, surtout, elle annonce avoir signé un accord avec le Vietnam pour l'adoption de 200 orphelins ! Mon rêve se précise. Seule condition : envoyer son dossier complet dans un délai imparti. Tous les jours, je guette les dernières informations sur Internet. Pour la première salve de dossiers, un guichet est ouvert pendant deux semaines. Nous y serons !

Seulement, l'AFA n'a manifestement pas prévu les conséquences de son annonce. Ce qui pourtant était prévisible, au regard du nombre de candidats à l'adoption en France... Ce sont plus de 2000 dossiers qu'elle reçoit, soit dix fois trop. Une sélection s'impose. La solution que l'AFA met en place est un tirage au sort pour choisir les 200 dossiers envoyés aux autorités vietnamiennes. Mais l'AFA le fait sans prévenir les postulants. Je n'en ai pas cru mes yeux quand, un matin, j'ai reçu une lettre m'annonçant que j'avais tiré le numéro 1205. Perdu. Et pas l'ombre de l'espoir d'une liste d'attente à l'horizon. Moi qui rêve d'élever un enfant, voilà que je me retrouve, malgré moi, dans une loterie ! Damien est hors de lui. Le 22 mars 2007, pour la première fois de sa vie, il a participé à une manifestation devant des locaux de l'AFA avec des centaines de parents en colère aussi désœuvrés que nous.

Ce n'est pas gagné. C'est vraiment une loterie, oui. Et encore, elle n'est pas ouverte à tout le monde.

Quand vous décidez d'adopter, il y a toujours une chose qu'on ne vous dit pas. Pas assez clairement du moins. Si vous consultez tous les sites des différents organismes, aucun ne vous dira exactement combien vous coûteront vos démarches. C'est une question taboue à laquelle je n'ai trouvé de réponse convenable que sur les forums. Des couples qui sont déjà passés par là nous recommandent de prévoir au moins 20000 euros de budget, tous frais confondus. Cette dimension nous a sauté aux yeux alors que nous assistions à certaines réunions de parents organisées dans l'Ouest parisien. Damien aime plaisanter en disant qu'il a honte de garer sa « pauvre Clio » au milieu de toutes ces grosses berlines allemandes. Je force à peine le trait. Nous n'avons jamais croisé à ces réunions d'autres couples adoptant dans le Val-de-Marne ou en Seine-Saint-Denis. Tous viennent de Versailles, des Yvelines, des Hauts-de-Seine ou du XVIe arrondissement de Paris... Bizarrement, malgré tous les papiers demandés, aucun justificatif de ressources n'est jamais exigé. Si les chiffres que j'ai lus sont exacts, nous allons devoir consentir à de lourds sacrifices financiers. Mais en nous serrant la ceinture, nous avons la chance de pouvoir au moins essayer. Je songe souvent à tous les autres couples qui, eux, faute de revenus suffisants, sont obligés de jeter l'éponge.

En tout, Damien et moi avons contacté une bonne trentaine d'organismes. À chaque fois, il faut envoyer une lettre de motivation manuscrite. Surtout pas de lettre type : il faut trouver à chaque fois la formule qui saura séduire l'organisme auquel nous nous adressons. Il faut aussi se préparer à être déçu : la plupart des organismes répondent, eux, par une lettre type indiquant qu'ils ont déjà trop de candidatures.

Chaque pays et chaque organisme a ses règles propres. La Colombie, par exemple, refuse de se fier à l'évaluation psychologique déjà réalisée dans notre département. Nous avons dû rencontrer une autre psychologue agréée auprès des autorités colombiennes. C'est une femme qui n'a pas été désagréable au demeurant, à ceci près que, à ce stade, nous sommes un peu las de répéter encore notre histoire. J'ai retrouvé une copie de son rapport dans le gros carton où j'archive les traces de toutes nos démarches. « Stéphanie et Damien ont su d'emblée qu'ils ne seraient pas des parents biologiques», dit-elle. J'aurais également «transformé le deuil de la maternité en énergie militante». Pour nous, le critère d'une éducation réussie est «de permettre à l'enfant confié de se réaliser pleinement dans la voie qu'il choisira, de lui donner les moyens d'accéder à son autonomie, lui offrir des valeurs solides et structurantes, l'intégrer dans une famille aimante». En conclusion, elle nous a même demandé à chacun de choisir… une devise. Damien a répondu : «La vie, c'est beaucoup de travail, d'obstacles et de problèmes pour accéder à des moments de bonheur et de repos.» Et moi : «La vie est un combat pour avoir des instants de bonheur. Si on veut être heureux, il est nécessaire de se battre.» C'est gai ! Mais pas tout à fait faux non plus, si on regarde ce que nous vivons depuis plusieurs années.

Les démarches avec la Colombie sont les premières à avancer. Elles ont été les plus difficiles aussi. Il nous faudra fournir des témoignages rédigés par des amis qui devront, en outre, faire authentifier leur signature en mairie, puis «par apostille», un tampon à obtenir auprès de la cour d'appel de leur ville. Les démarches sont lourdes même pour ceux qui nous viennent en aide. Les documents doivent également être «certifiés conformes» par les mairies, qui depuis longtemps ne fournissent plus ce service. Il faut souvent beaucoup insister, leur montrer notre dossier et expliquer notre situation pour qu'elles acceptent de tamponner les papiers. Sans compter que certains documents ne sont valables que trois mois ! C'est un cycle sans fin. Ça devient même ubuesque le jour où nous devons nous soumettre au test «Neo PI-R», un questionnaire à choix multiple aussi ridicule que long et censé déceler notre degré de folie. Bien que quasiment plus personne ne l'utilise dans le monde, il reste apparemment très prisé en Amérique latine. La Colombie, en tout cas, attendait fébrilement que l'on s'y prête pour boucler notre dossier de candidature. En France, aucun psychologue sérieux ne voulait nous le faire passer. Un praticien un peu plus souple a finalement accepté moyennant 350 euros. Nous l'avons vite regretté. Ce questionnaire est prétendument destiné à analyser nos relations aux autres. En réalité, ce sont des dizaines et des dizaines de questions du type « Avez-vous déjà eu envie de tuer quelqu'un ? » ou « Si on vous bouscule dans la rue, ripostez-vous ? ». Damien était tellement énervé qu'il aurait voulu cocher « oui » à chaque question. Tout ça pour que, en février 2007, on nous annonce un délai moyen d'attente d'encore deux à trois ans. À ce moment-là, notre agrément aurait perdu sa validité et il faudrait tout recommencer. Un cycle sans fin, vraiment.

*

À cette époque, le Vietnam a fermé ses portes à l'adoption individuelle et nous peinons à trouver un organisme qui accepte notre candidature. Mais nous continuons malgré tout de compléter nos dossiers tous azimuts. Nous rédigeons des dizaines de lettres et remplissons autant de dossiers avec toutes sortes de justificatifs. Les plus inattendus, parfois : un organisme exige que nous rédigions à quatre mains une petite biographie de notre couple avec un résumé de notre projet de vie ! Damien et moi nous lançons alors dans l'écriture d'un récit agrémenté de photos personnelles. J'avoue que nous avons beaucoup ri en rédigeant notre roman-photo. Damien se moque encore de notre production aux allures de « rédaction de primaire ». C'est effectivement le cas.

Moi : « Je suis née le 23 juin 1974 à Paris. Mon père est enseignant à l'université, issu d'une famille de trois enfants… […] Le scoutisme va me permettre de connaître un univers où l'amitié a une place considérable. […] Le 13 novembre 2004, entourés de toute notre famille, de nos amis, nous nous sommes dit oui. […] Nos journées ne sont souvent pas assez longues et nos week-ends pas assez nombreux… »

Damien : « Après notre mariage, nous avons décidé d'acheter un appartement pour bâtir cette famille qui nous tient tant à cœur. […] Anaëlle est très fière d'avoir une "maîtresse" à la maison, mais également de pouvoir jouer avec le chat de Stéphanie ! […] C'est dans ce cadre très agréable que nous souhaitons désormais accueillir cet enfant… »

Pour mémoire, cet organisme, sans doute débordé par d'autres candidatures aussi désespérées que la nôtre, nous a retoqués en trois lignes.

Chaque organisme a ses règles. Et ses psychologues attitrés, partout en France, qu'il faut consulter pour compléter nos diverses procédures. Inutile de préciser que chacun exige une disponibilité absolue, comme pour mieux tester, à chaque fois, notre degré de motivation. Nous sommes allés à Bordeaux un mardi matin. Une autre fois à Dijon, un dimanche, à 9 heures. Quand c'est en semaine, j'ai l'impression de revivre le cauchemar de mes années de FIV. À chaque fois, il faut demander un jour de congé exceptionnel. Quand il s'agit d'un rendez-vous médical, passe encore, mais les entretiens avec les différents psys sont plus embarrassants à justifier. Je pourrais prétexter une grippe ou un dos bloqué, mais je ne peux me résoudre à abandonner mes petits élèves et à les pénaliser sans prévenir. C'est insoluble. À moins que le rendez-vous tombe pendant des vacances, de fait, écourtées. Mais, comme toujours, pas question de nous plaindre : d'aucuns diraient qu'on ne sait pas ce que l'on veut ou que l'on manque de motivation. Ce n'est pas facile tous les jours, mais nous tenons bon, nous ne nous décourageons pas.

Il y a pourtant des rencontres dont on se passerait volontiers. Un jour, drôle de hasard de la vie, j'ai eu affaire à une psychologue qui m'a confié être « mère Distilbène ». Enfin une femme qui allait comprendre ma souffrance et la complexité de ma situation. Erreur. Elle trouvait que je mettais vraiment beaucoup « trop de mauvaise volonté » dans toute cette histoire. « Ma fille n'a jamais eu de souci, elle », m'a assené la psychologue. Tant mieux pour elle, mais si toutes les « filles DES » pouvaient avoir des enfants comme les autres, je crois que cela se saurait. Après cet aimable préambule, elle ne s'est plus adressée qu'à Damien, comme si j'étais une pauvre fille égarée. J'ai préféré encaisser, de peur qu'elle ne rédige un avis défavorable. Pour avoir un enfant, je suis prête à tout. Même à m'asseoir sur ma fierté.

Il y a des jours avec et des jours sans. Mon désir de maternité ne me quitte jamais. Et inutile, évidemment, de songer à noyer mes angoisses dans le travail : je n'ai pas vraiment choisi le métier le plus facile pour une femme en mal d'enfant ! Les institutrices aiment les familles nombreuses, je confirme. C'est un métier qui permet de concilier plus facilement son travail et sa vie de famille. Mais c'est aussi un métier où on ne parle quasi exclusivement que de cela. Certains jours, les conversations dans la salle des professeurs me deviennent insupportables. Quand, une fois encore, des collègues dissertent sur leurs grossesses, leurs problèmes de garde ou sur les exploits du petit dernier, il n'est pas rare que je préfère rentrer déjeuner chez moi.

Une fois, je m'en souviens, j'ai craqué. Un jour où, pour la énième fois, une institutrice au courant de mon désir d'enfant m'a demandé si c'était « pour bientôt ». Je lui ai confié que j'étais fille Distilbène et que la situation n'était pas très prometteuse. La conversation a vite tourné court. « Ne t'inquiète pas, a-t-elle préféré conclure, ça va bien finir par marcher. Tu finiras par trouver un traitement, j'en suis sûre… »

Ce genre d'échange glace les gens. Aucune femme ne veut entendre ces choses-là. Cette collègue, comme tant d'autres femmes, préfère se dire que je trouverai forcément une solution. Aucune femme ne peut être privée du bonheur d'être mère. Quant à une institutrice privée d'enfant, n'en parlons pas !

C'est dur à accepter, je suis d'accord…

CHAPITRE 8

Marie-Élise, le cancer et son bébé miracle

« La médecine a réparé les dommages que la médecine avait faits il y a vingt-sept ans. »

Alain GERBAULET, le médecin de Marie-Élise, en 1992

Elle a toujours le carnet de santé que sa mère a commencé à remplir avant même sa naissance. Marie-Élise est née le 20 avril 1965. Quand elle pointe le bout de son nez à la maternité de Luxeuil, en Haute-Saône, elle comprend vite qu'elle a été follement désirée. « Dix ans avant ma naissance, ma mère est tombée dans l'escalier alors qu'elle attendait des jumeaux, raconte-t-elle. Pendant les années qui ont suivi, elle a multiplié les fausses couches. » En 1964, un gynécologue a prescrit à Raymonde, sa maman, un nouveau produit. Du Distilbène, qui, paraît-il, fait des miracles contre les fausses couches. Pendant sa grossesse, pétrie de reconnaissance, elle consignera soigneusement son traitement dans le carnet de santé de son bébé à naître : « Distilbène 5. Comprimés dès le deuxième mois. »

Sa mère a longtemps cru devoir sa grossesse au DES. Jusqu'à ce qu'elle apprenne, des années plus tard, que non, ce n'était pas vrai. L'explication est ailleurs : elle avait surtout gravement abîmé son utérus en perdant ses jumeaux. Dix ans, c'est le temps qu'il lui a fallu pour que sa « matrice », c'est-à-dire son utérus, se reforme. À l'époque, les échographies, moins précises qu'aujourd'hui, ne permettaient pas de le savoir. Si elle est tombée enceinte et si elle a réussi à garder son bébé au moment où elle a pris du Distilbène, c'est une pure coïncidence. D'ailleurs, elle a conçu ensuite deux autres enfants, très facilement, sans prendre aucun médicament.

Marie-Élise ne doit rien au Distilbène, sinon de très gros ennuis.

Elle m'a raconté son histoire, un jour, très longuement. Dans une lettre, d'abord. Par téléphone, ensuite, puis à Paris, quand nous nous sommes rencontrées. C'est mon avocate qui m'avait parlé d'elle. Marie-Élise, qui a dix ans de plus que moi, s'est longtemps battue seule. Elle a beaucoup œuvré pour mobiliser les médias dans sa région. C'est une belle femme blonde, lumineuse, volubile, pleine de vie. Il est impossible de deviner que c'est une « fille DES ». Elle a failli en mourir pourtant. Elle aurait pu, aussi, ne jamais avoir d'enfants. Elle aurait pu souffrir en silence, mais elle s'est révoltée. Contre la maladie, contre la stérilité, puis contre les laboratoires.

Un jour, je l'ai contactée car je savais qu'elle avait une procédure en cours. Elle a tout de suite accepté de m'aider. Elle a immédiatement proposé de s'investir dans mon association pour partager son expérience avec d'autres victimes. C'est une des très belles rencontres que je dois au Distilbène : une de ces femmes unies par une même cause, et que je n'aurais jamais croisées autrement. Son histoire m'a aidée à me battre.

*

Comme la plupart d'entre nous, pendant toute son enfance, Marie-Élise ne s'est doutée de rien. Ses parents non plus. Il a fallu que sa mère lise un article, en 1978, dans le magazine de la MGEN, sa mutuelle, pour commencer à s'inquiéter. Elle apprend que le « médicament miracle » qu'elle a absorbé pendant sa grossesse vient d'être interdit en France ! L'article évoque des cas de cancers à cellules claires, des adénocarcinomes. Paniquée, Raymonde emmène immédiatement sa fille consulter un gynécologue. Sans lui expliquer pourquoi d'abord. Marie-Élise a 13 ans. L'adolescente croit que c'est une visite classique au début de la puberté. Elle ne s'étonne pas davantage d'y retourner tous les six mois. Elle pense que c'est la même chose pour toutes les jeunes filles de son âge. Elle a 16 ans quand la gynécologue lui expose plus clairement la situation. « Elle m'a dit que ma mère avait pris un médicament un peu embêtant pendant sa grossesse, se souvient Marie-Élise, mais que je n'avais pas de raisons de m'inquiéter tout de suite. » Le médecin a déjà remarqué qu'elle présentait un utérus très petit, en forme de T, et rétroversé. Il y a un gros risque qu'il ne grandisse plus, mais elle préfère encore se taire, en attendant que la jeune fille termine sa croissance. Tranquillement, pour l'instant.

La vie de Marie-Élise bascule en 1986, à l'âge de 21 ans. Alors qu'elle commence à prendre la pilule, elle est saisie de violentes douleurs qu'elle ne comprend pas. Elle consulte son gynécologue, qui constate que son contraceptif hormonal a accéléré l'apparition d'un gros kyste, une boule dure comme un os, dans le haut de son vagin. Elle est hospitalisée en urgence pour un prélèvement. Résultat : c'est le fameux adénocarcinome, autrement dit un cancer à cellules claires, dans l'utérus, typique des « filles Distilbène ». À l'hôpital, le médecin de garde ne prend pas de gants : « Vous allez mourir, assène-t-il. C'est un cancer trop invasif. Il n'y a pas de traitement, c'est incurable… » Marie-Élise, âgée de 21 ans, ne comprend pas tout de suite. Elle se souvient de s'être tournée vers la vieille dame de 80 ans qui partageait sa chambre. Elle a spontanément cru que c'était à elle que ce terrible diagnostic s'adressait… Mais non. La seule solution évoquée, sans garantie de résultat, était qu'on retire l'ensemble de son appareil génital. Cette histoire m'a glacée. Comment peut-on être aussi froid et brutal avec une patiente si jeune ?

Heureusement pour elle, Marie-Élise va consulter le docteur Daniel Klopfenstein, un gynécologue de Vesoul qui maîtrise les problématiques des « filles DES ». Celui-ci s'est renseigné. Il existe un traitement, à l'étude, sous la direction du docteur Alain Gerbaulet à l'hôpital Gustave-Roussy de Villejuif, près de Paris. Un traitement qui n'a encore jamais été testé sur l'homme. Une curiethérapie très localisée : des sources radioactives sont mises directement au contact de la lésion après protection du reste de l'appareil génital et transposition des ovaires pour les protéger de l'irradiation. Il s'agit d'essayer de la guérir en préservant sa féminité. Un examen radiologique permet de constater que le cancer n'est pas encore généralisé. Il est toujours en phase une. Marie-Élise peut tenter sa chance si elle le souhaite. Elle accepte.

Un mois plus tard, elle subit un premier protocole, affreusement douloureux. Au préalable, on lui retire la rate pour pouvoir transposer ses ovaires dans la fosse iliaque et les protéger des futures radiations. Le traitement expérimental consiste à réaliser un moule du vagin – que la jeune femme devra ensuite expulser comme lors d'un accouchement – pour déterminer l'emplacement exact de la tumeur et fabriquer une cloison utérine adaptée qui ne laissera passer les rayons que dans la zone cancérigène. Marie-Élise se prête à deux protocoles de quinze jours, isolée en chambre stérile. Elle souffre le martyre, mais ce ne sont pas les rayons qui lui font le plus mal : elle est mise sous perfusion pour calmer ses contractions. Son corps, naturellement, cherche à expulser le dispositif étranger qui a été placé dans son utérus. C'est une période très douloureuse pour sa mère aussi. Tous les jours, elle appelle sa fille à l'hôpital. Elle ne peut s'empêcher de lui dire combien elle « culpabilise », que c'est « à cause d'elle » qu'elle a été exposée au Distilbène et qu'elle a « attrapé le cancer ». Marie-Élise n'a jamais pensé cela une seconde. Au contraire, elle la conjure d'avoir confiance. Quelques semaines plus tard, toutes les deux apprendront, les yeux humides, que le traitement a réussi. Et, depuis, Marie-Élise raconte volontiers qu'elle a été sauvée par la médecine. Mais aussi grâce à sa maman, qui, en la faisant suivre dès son plus jeune âge par un gynécologue, lui a sans doute permis de détecter sa tumeur au plus tôt. Sans ces examens réguliers, elle ne serait certainement plus là pour raconter son histoire.

L'année suivante, Marie-Élise est étroitement surveillée. Pendant six mois, elle se rend toutes les semaines à Paris, subissant douze heures de trajet en voiture dans la journée, pour se soumettre à des examens de contrôle à Villejuif. Peu à peu, les visites s'espacent. Lorsque le cancer est officiellement écarté, les deux ovaires sont remis à leur place. Cependant, le soulagement se teinte d'une nouvelle inquiétude : son médecin la prévient que le chemin de la maternité risque d'être délicat. Il sait que sa patiente n'envisage pas sa vie sans bébés. Petite, elle rêvait déjà d'élever au moins deux ou trois enfants. Après avoir failli lui voler sa féminité, le DES va-t-il la priver de la joie d'être mère ?

Comme Damien et moi, Marie-Élise et Éric, son mari, sont passés par des moments difficiles. Ses ovaires fonctionnent de façon anarchique : l'un d'eux est atrophié et l'autre en constante hyperstimulation, lui causant sans cesse des kystes douloureux. Et quand elle arrive à tomber enceinte, c'est la taille réduite de son utérus et ses épaisses parois qui refusent de se distendre – malformation elle aussi sans doute liée au Distilbène – qui compliquent ses grossesses. En tout, Marie-Élise a subi sept fausses couches. Je sais évidemment ce qu'elle ressent. Au moment où elle me confie son histoire, j'ai tout juste et péniblement fini par renoncer à mon parcours en procréation médicalement assistée. Je lui explique que j'essaie d'adopter. Elle est touchante, elle dit qu'elle admire mon courage.

Si Marie-Élise n'avait pas eu d'enfants, elle confie qu'elle n'aurait jamais eu la force de se lancer dans de telles démarches.

Par chance, une petite Émylou est entrée dans sa vie en novembre 1992. Une petite fille prématurée de 2,44 kilos, née par césarienne, mais solide. « Quand mon bébé est né, je me suis dit que, enfin, la vie reprenait le dessus », m'a dit Marie-Élise. J'imagine alors que c'est un sentiment que je comprendrai un jour, si j'ai moi aussi la chance de devenir maman… Après six ans de cauchemar, mon amie a de nouveau souri à la vie. Pour la grand-mère du bébé aussi, c'est une renaissance : Raymonde n'aurait pas supporté de priver sa fille d'une maternité. « Je lui ai martelé, encore et encore, qu'elle n'y était pour rien… »

Aujourd'hui, Émylou est une magnifique jeune femme de 18 ans qui veut devenir esthéticienne, comme sa maman. Elle n'a pas de frères et sœurs. « Mon gynécologue m'a rapidement prévenue que je ne pourrais pas porter d'autre enfant, explique Marie-Élise. J'avais rêvé d'une famille nombreuse, mais mon utérus déjà fragile avait trop souffert pendant ma grossesse. » À 12 ans, quand sa fille a eu ses premières règles, Marie-Élise l'a emmenée chez un gynécologue. Un principe de précaution familial, désormais. Si l'adolescente n'ignore rien des circonstances exceptionnelles qui ont précédé sa naissance, elle ne pose pas encore trop de questions. Un épais dossier rose traîne sur la table du salon. Sa mère a soigneusement compilé tous les articles de presse qui ont été consacrés à son histoire. Une dépêche de l'Agence France Presse porte sur cette « première exceptionnelle » en rappelant son exposition au Distilbène. Marie-Élise et sa fille posent tout sourires dans le magazine *Parents*, qui titre : « Elle vainc son cancer et devient maman ». Le magazine *Elle* consacre un article à « Emylou, l'enfant de l'espoir ». Le professeur Alain Gerbaulet, qui l'a guérie de son cancer, déclare alors que « la médecine a réparé les dommages que la médecine avait faits il y a vingt-sept ans ». Emylou lira ces coupures de presse un jour, si elle en a envie. Elle sait aussi que sa mère a lancé une procédure judiciaire contre ceux qui l'ont exposée au DES. Dans l'épais dossier rose figurent aussi sa première assignation et la longue correspondance qui a suivi entre son avocate et les laboratoires.

Son témoignage m'est d'un précieux secours au moment où je me débats moi-même dans les affres de mon parcours judiciaire. « J'ai eu envie de lancer une procédure en 1992, peu après la naissance de ma fille, quand j'ai entendu parler des premiers procès », m'a raconté Marie-Élise. À l'époque, quatre filles se sont courageusement lancées. Elle est effarée d'apprendre que 160 000 victimes sont concernées en France. La jeune maman, qui refuse d'oublier ce qu'elle a traversé, veut obtenir justice elle aussi. À l'époque, avec ses modestes salaires d'esthéticienne, son seul frein est financier. « J'ai hésité à cause des tarifs, dit-elle. Il ne faut pas se leurrer. Pour moi, c'était très cher. Mais j'ai quand même cassé mon plan épargne logement parce que j'en faisais une question de principe. » Elle n'a pas les ordonnances d'origine, le gynécologue de sa mère est décédé, mais il lui reste son carnet de santé. Quelques années plus tard, après avoir vu le procédé dans un feuilleton policier, elle fera même dater l'encre de son document pour prouver qu'elle est de bonne foi. Et elle l'est.

*

Marie-Élise, qui figure parmi les premières victimes à avoir assigné les laboratoires, a patiemment attendu dix ans pour que son affaire soit enfin examinée. Sa première audience est fixée au tribunal de grande instance de Nanterre en 2005. Sur les conseils de son avocate, elle ne s'est pas déplacée. La présence du plaignant, rappelons-le, n'a rien d'obligatoire. Elle habite loin, elle travaille, et son conseil l'a prévenue que l'expérience pouvait être éprouvante. Les avocats des laboratoires vont tout faire pour nier le rôle du Distilbène ou dédramatiser ses souffrances. De son côté, son avocate relate le douloureux parcours médical de sa cliente, son cancer typique des « filles DES » et sa grossesse difficile. Sa seule et unique grossesse menée à terme. Elle rappelle aussi qu'elle n'a jamais pu avoir d'autres enfants. L'affaire est mise en délibéré.

Marie-Élise n'oubliera jamais cette journée. Quand son avocate l'appelle, le 18 mai 2005, pour lui dire qu'elle a gagné en première instance, elle prévient immédiatement sa mère. Le tribunal ordonne également aux laboratoires de lui verser 230 000 euros de dommages et intérêts à titre compensatoire. Avec cette somme, elle projette d'acquérir un institut de beauté. La jeune femme qui avait fébrilement mobilisé toutes ses modestes économies pour sa procédure judiciaire est aujourd'hui à la tête d'une petite entreprise. Elle a investi, ouvert son propre institut et créé des emplois. Un des plus beaux jours de sa vie, après la naissance de sa fille et son mariage.

Sa joie est de courte durée : deux ans plus tard, UCB Pharma, l'un des deux laboratoires à avoir été condamnés et à avoir commercialisé le DES en France, décide de faire appel. L'argument avancé est subtil : même si le mot « Distilbène » est écrit dans le carnet de santé de la plaignante et même si son exposition au DES est incontestable, UCB Pharma argue, en l'absence des ordonnances d'origine, que le lien de causalité entre la pathologie et l'administration de son médicament en particulier n'est pas établi. Et ça marche : la cour d'appel de Versailles, par son arrêt du 10 avril 2008, infirme le jugement de première instance qui donnait raison à Marie-Élise ! Dans son arrêt, la cour d'appel souligne « l'absence de preuve de l'exposition *in utero* au Distilbène » et « l'absence de production d'un document démontrant que du Distilbène produit par la société UCB Pharma » a été délivré à sa mère. Alors que les magistrats reconnaissent que le DES est bien la cause de ses problèmes de santé, ils lui reprochent de ne pas apporter la preuve que c'est la molécule produite par UCB Pharma qui lui a été prescrite et non celle du labo concurrent Novartis, qui a commercialisé, bien qu'en quantité beaucoup plus restreinte, du DES sous le nom de « Stilbœstrol-Borne ». Si un seul laboratoire avait commercialisé le produit en France, cette question ne se poserait pas ! Le doute profite à l'accusé et non à la victime. Toute sa famille est effondrée.

Cette expérience va nous rapprocher. Elle m'éclaire aussi : moi qui n'en suis qu'aux prémices de ma procédure, je sais désormais à quoi m'attendre. C'est le seul moment où je sens Marie-Élise plus sombre, moins combative. Elle pense abandonner. Bien sûr, la perspective de rendre la somme qu'elle a gagnée en première instance est pénible. Mais l'idée de débourser encore plusieurs milliers d'euros en frais de procédure l'est tout autant. Pour ma part, je n'ai aucun avis à lui donner. C'est une démarche trop personnelle. Marie-Élise lâche souvent qu'« on va finir par nous empoisonner si on se laisse toujours faire ». Comme moi, elle a été très marquée par l'affaire du sang contaminé, le scandale de l'hormone de croissance. Elle cite souvent aussi l'histoire de l'isoméride, ce médicament « coupe-faim » pris par des millions de Français entre 1985 et 1997 avant d'être retiré de la vente après que l'Agence du médicament a observé des cas d'hypertension artérielle pulmonaire et d'anomalies cardiaques. Elle n'est pas très à l'aise non plus avec la question des OGM, ces organismes génétiquement modifiés qui poussent dans nos assiettes. Sa procédure, finalement, est une démarche citoyenne.

Son avocate a fait le reste et l'a convaincue de se pourvoir en cassation pour obtenir justice. Martine Verdier a une idée derrière la tête. Et Marie-Élise, de toute façon, refuse d'en rester là. Après tout ce qu'elle a vécu, l'arrêt de la cour d'appel lui semble trop injuste. Elle sait aussi que beaucoup d'autres victimes, comme moi, s'identifient à sa démarche. Elle s'est beaucoup investie dans le milieu associatif. Après avoir milité au sein du Réseau DES, dans les premières années, elle a rejoint Les Filles DES, où elle propose fréquemment son aide et ses conseils. Son affaire est connue. Régulièrement nous donnons de ses nouvelles dans nos bulletins.

Elle ne veut pas laisser tomber. Elle ne peut pas. Elle ne le regrettera pas.

CHAPITRE 9

De la lueur à la lumière

« C'est épuisée physiquement et psychologiquement que Stéphanie se décide à s'engager dans un nouveau combat. Celui du parcours judiciaire. »

Assignation contre les laboratoires UCB Pharma et Novartis, rédigée par Maître VERDIER en 2005

Mon assignation devant le tribunal de grande instance de Nanterre est partie au courrier le 25 août 2005. C'est la première fois que je porte plainte contre quelqu'un. Solennel, le courrier évoque « l'affaire DES Chevallier contre UCB Pharma et Novartis » et résume ma vie de souffrances en quelques pages. « Madame Stéphanie Chevallier est née le 23 juin 1974, écrit mon avocate. Sa mère, pendant sa grossesse, s'est vu prescrire du Distilbène par le docteur Jean-Claude M. », etc. S'ensuit la description des malformations et des risques de fausse couche liés à l'exposition au DES *in utero.* Le début de mon parcours chirurgical à 19 ans, les tentatives de chirurgie réparatrice, tous les traitements de procréation médicalement assistée entrepris en vain. « C'est épuisée physiquement et psychologiquement qu'elle se décide à s'engager dans un nouveau combat, conclut maître Martine Verdier. Celui du parcours judiciaire. » L'assignation s'appuie sur des articles du code civil et du code de la consommation. Même si je n'y entends pas grand-chose en droit, je comprends que les choses sérieuses commencent. Bien que ma mère se souvienne formellement d'avoir pris du Distilbène, ma procédure vise à la fois UCB Pharma et Novartis. Faute de pouvoir présenter les ordonnances de l'époque avec le nom du produit responsable de mes séquelles, le droit civil prévoit l'application de la « responsabilité solidaire », d'où cette double assignation. Encore une nuance de droit que je découvre.

J'ai quand même prévenu mes parents. Si nous ne sommes pas toujours très proches, il me semble normal de les tenir au courant de cette procédure. Je les ai appelés pour leur dire. Il est vrai que, depuis quelques années, mes rapports avec ma famille se sont un peu délités. Entre ma vie de couple avec Damien, mon travail d'institutrice, notre parcours de procréation médicalement assistée et la procédure en cours d'agrément pour l'adoption, je n'ai plus une minute à moi. Les instants passés en famille se limitent aux grandes occasions. Ma mère et mon père sont venus à mon mariage. Nous nous retrouvons toujours à Noël, et pour les anniversaires, avec ma sœur Amélie. Nous avons évoqué le sujet une fois, brièvement, lors d'une réunion de famille. Je leur ai expliqué que j'assignais les laboratoires. Je m'attendais un peu à leur réaction : ils ne m'ont ni encouragée ni découragée. Mes parents ont simplement pris acte de ma décision. Peut-être s'y attendaient-ils, depuis le temps. Après tout, ma mère a accepté de rédiger une lettre attestant qu'elle se remémorait avoir pris du Distilbène. C'est une pièce importante de mon dossier. Elle m'a aussi proposé une petite participation aux frais de justice. C'est tout. Après cet aparté, on a vite changé de sujet. Et, après cette journée, je n'en ai plus jamais reparlé avec eux.

Je ne m'en formaliserai pas. Comme je l'ai déjà dit, dans ma famille, on préfère « mettre le couvercle » sur certaines choses. Encore aujourd'hui, ils ne me posent aucune question. C'est notre fonctionnement à nous. Même à Joan, mon amie d'enfance, je n'ai jamais confié grand-chose sur ce thème douloureux. Elle n'a pas d'enfants. Parfois, j'évoque l'adoption avec elle, mais jamais les traitements. Pour certains sujets, je préfère me rapprocher de personnes plus âgées ou plus proches de mes préoccupations, comme Patricia et Corinne, les deux témoins de mon mariage et mamans de grands enfants. Et, pendant les fécondations *in vitro*, les démarches pour adopter et ma procédure judiciaire, il n'y a guère qu'à Damien que je veux parler. Il est devenu mon premier cercle, l'homme avec qui je veux bâtir mon avenir. Sur ces sujets, j'imagine que lui seul me comprend.

Je suis beaucoup plus loquace dans le cadre de mon engagement associatif. Des questions sur le déroulement de la procédure, j'en ai entendu beaucoup. Souvent de la part d'autres victimes du DES qui hésitaient à porter plainte. Je les comprends, je suis passée par là. À elles, je dédie ce chapitre, un peu technique, certes, mais dans lequel je vais tâcher de détailler le plus honnêtement possible toutes les étapes que nous avons traversées avec Damien.

*

Je ne regrette absolument pas de m'être lancée, même si le parcours est long et parfois éprouvant. Il peut être coûteux aussi, inutile de le cacher. Pour expliquer les choses simplement, disons que l'on s'engage d'abord, avec un avocat, sur une somme donnée : c'est la « convention d'honoraires » signée dans le cadre de la procédure en première instance. Cette somme, généralement forfaitaire, tourne autour de 5 000 euros. Si vous gagnez en première instance, c'est tout ce que votre procédure vous aura coûté. Sauf si les laboratoires font appel de la décision, voire se pourvoient en cassation. Vous pouvez vous aussi perdre et décider de faire appel. À cette somme initiale s'ajouteront alors une ou deux nouvelles conventions d'honoraires. Il ne faut pas forcément s'en alarmer, mais juste le savoir pour éviter les mauvaises surprises. Beaucoup d'avocats proposent également des facilités de paiement. C'est à chacun de voir.

Je reste persuadée que, si on lance une procédure, on ne devrait pas avoir à le regretter. Car si on part avec un dossier suffisamment solide pour gagner, on doit récupérer tous les frais engagés ainsi que les dommages et intérêts. Il faut cependant se montrer patient. Martine Verdier nous avait avertis que la procédure serait longue. Elle dit souvent que la justice « a son temps bien à elle ».

C'est vrai. Ma plainte date de 2005 et j'attends, encore aujourd'hui, mon procès.

Je connais des victimes qui, de peur de ne pas se sentir capables d'affronter trop de problèmes simultanément, préfèrent attendre d'avoir terminé leur parcours en PMA ou leur procédure d'adoption avant de se lancer. Si je comprends leur point de vue, je ne regrette pas d'avoir tout entrepris en même temps. Au moins, Damien et moi étions suffisamment occupés par ailleurs pour ne pas nous inquiéter de la longueur des délais. Il se passe bien dix-huit mois entre l'envoi de la première assignation et le moment où l'on est sollicité. Pendant cette période, notre avocate rédige des courriers et participe à des audiences de procédure qui nous sont épargnées.

Pour ma part, la procédure m'intrigue, et je prends le temps de m'y intéresser. J'apprends ainsi que les laboratoires ont contesté en mars 2006 leur responsabilité et ont voulu me débouter au motif que je ne disposais d'aucun « document source », à savoir les ordonnances originales de l'époque. Classique. Trois mois plus tard, Martine Verdier participe, toujours sans moi, à une « audience de mise en état », une procédure écrite préparatoire à l'audience de jugement au fond. Elle adresse alors ses « conclusions responsives ». C'est un document long et passionnant, d'une vingtaine de feuillets, que j'ai relu plusieurs fois avant de bien le comprendre. En usant de termes juridiques, l'avocate a mis des mots sur mes maux. Cette longue synthèse recense les raisons du procès, retrace l'histoire du DES en France et à l'étranger, énumère les principales études sur la question, détaille la responsabilité des laboratoires et, surtout, établit les différents préjudices que j'ai subis. Elle récapitule aussi toutes les pièces que j'ai fournies : attestations, résumé de mon parcours médical, comptes rendus médicaux et autres arrêts maladie. Une liste non exhaustive que je complète encore aujourd'hui.

*

J'ai attendu une première décision encourageante pendant près de deux ans. Elle me parvient en février 2007 : Martine Verdier m'avertit que le magistrat a ordonné une expertise me concernant. J'apprends aussi que le tribunal a exigé du laboratoire le règlement d'une avance de 2000 euros correspondant à certains de mes frais de procédure, et à 4000 euros de provision pour le collège des experts. Cet argent sera placé sur un compte pour m'éviter certains frais. Ce premier arrêt du tribunal de Nanterre est donc très positif : il signifie que ma demande est jugée recevable, que la première phase de la procédure est validée et que je serai bientôt convoquée devant un collège d'experts.

Le rendez-vous est fixé à Nantes, en août 2007. Martine Verdier, mon avocate, et Damien, mon mari, m'accompagnent. La perspective de cette expertise me glace un peu. En même temps, j'ai hâte. D'après ce que j'ai compris, les trois experts présents auront lu mon dossier médical. Je dois seulement me déplacer pour répondre à leurs questions et me soumettre à un petit examen gynécologique. Rien de très intrusif, paraît-il. Je confirme. Parmi les experts figurent un professeur en gériatrie, un pharmacologue et une gynécologue. Chacun a reçu copie d'un épais dossier résumant ma vie. De son côté, le laboratoire a envoyé trois avocates. Trois femmes, dont une enceinte. Je ne trouve pas ce choix très délicat, mais je reconnais qu'elles n'ont pas essayé de me déstabiliser davantage.

Les experts m'ont posé quelques questions et je suis sortie quelques minutes avec la gynécologue. Elle a simplement examiné ma longue cicatrice au-dessus du pubis. Est-ce que mon préjudice se mesure au nombre de fois où un scalpel s'est aventuré dans mon utérus ? Je n'ose pas montrer à la gynécologue les autres petites cicatrices, plus discrètes, qui perforent mon nombril, à jamais endolori par toutes les cœlioscopies qui se sont aventurées à travers lui. Comme souvent, j'ai envie de dire certaines choses et je n'y arrive pas. Je reste sur ma réserve.

L'entretien, assez impersonnel, passe vite. Trop vite. Une petite heure. En sortant, j'ai peur d'avoir mal parlé. Pas assez, en fait. Je me sens frustrée. Mon avocate me taquine gentiment sur ma trop grande discrétion. C'est vrai, mon naturel timide est revenu au galop. J'ai toujours été plus douée pour écrire que pour m'exprimer en public. Je me rappelle avoir dit, en sortant, que j'aurais mille fois préféré leur écrire une longue lettre. « C'est une très bonne idée, a commenté maître Verdier. Rédigez votre récit, et je le verserai à votre dossier. » Damien et moi avons commencé notre « dissertation » dans les jardins du château de Nantes avant de le poursuivre puis de le terminer pendant les deux heures de trajet retour en TGV.

Je commence : « Je vais essayer de coucher sur le papier tous les mots, toutes les images du passé et du présent qui se bousculent dans ma tête. » Je poursuis : « L'effet du

Distilbène et des problèmes qui en découlent dans mon cas ont de très nombreuses conséquences sur notre vie de tous les jours. Il ne se passe pas une journée sans qu'un événement ne vienne nous le rappeler. » Et je conclus : « Mais maintenant nous sommes fatigués par toutes ces démarches, ces procédures, ces entretiens, nous avons trop souvent raconté notre histoire. Tout cela ne remplacera jamais cette famille tant désirée. » Au milieu, quatre longues pages manuscrites rédigées d'une traite. Les mots coulent facilement. Tout y passe. La souffrance physique, les problèmes familiaux, le handicap professionnel, les tracas administratifs, le « deuil de l'enfant biologique », le parcours du combattant de l'adoption. En bref, tout ce que m'a imposé le DES. En arrivant à la maison, j'ai même scanné des extraits de mon journal intime de l'époque pour que les experts ne doutent pas de ma bonne foi…

Est-ce que j'aurai un jour la joie de porter un petit garçon ou une petite fille dans mes bras ? Un enfant qui m'appellera « maman » ?

*

Heureusement, en 2007, certaines choses se précisent enfin sur le front de l'adoption. Alors que toutes nos procédures semblent au point mort, je reçois une lettre d'une association qui propose d'étudier notre candidature pour une adoption au Vietnam. Ce n'est pas un accord ferme et définitif, mais les encouragements sont tellement rares que je retrouve mon optimisme. Si, enfin, cela pouvait marcher… L'organisme nous propose de confirmer notre candidature

« trois mois à six mois plus tard ». Une éternité, mais c'est la procédure. Pour éprouver la motivation des candidats, j'imagine. J'ai compté les jours et barré les semaines dans mon agenda avant de renouveler notre demande. Une fois celle-ci validée, nous recevons la visite d'une dame charmante venue nous entretenir de notre projet à la maison. Le rendez-vous est fixé en plein mois de juillet, pendant les vacances. Nous n'étions pas à Paris, mais nous avons volontiers fait la route nécessaire pour l'accueillir. Il en faut davantage pour nous arrêter ! Pas question, évidemment, de repousser le rendez-vous. Surtout qu'à la suite de ce dernier nous allons attendre plus de six mois avant de voir une psychologue. Je me souviens que j'appelais l'organisme tous les quinze jours tant j'étais pressée de décrocher un rendez-vous !

Nous voyons la psychologue en janvier 2008, pratiquement un an après avoir envoyé notre candidature. Elle est très plaisante, même si elle ne nous laisse pas en placer une ! Contrairement aux autres, elle n'arrête pas de parler. Pour une fois, elle ne me demande pas de me justifier. L'entretien ressemble plus à un cours magistral sur l'accueil d'un enfant adopté à la maison. Pas inintéressant, de surcroît. Et si c'était bon signe ? Je me surprends à y croire. Notre dossier doit maintenant passer devant une commission qui validera ou non notre démarche. Des délais à prévoir, on ne sait rien. On m'engage juste à rappeler régulièrement pour me renseigner.

*

Pendant ce temps, ma procédure judiciaire se poursuit. J'attends encore les conclusions des experts. Malheureusement, je devrai patienter encore longtemps. Les experts ont-ils été convaincus par mon dossier et ma sincérité ? Je l'ignore. C'est le moment, dans mon parcours, où se produit un rebondissement auquel je ne m'attendais pas et qui va me faire perdre trois ans.

Le rapport, qui a sans doute été rédigé, aurait dû être rendu le 12 novembre 2007. Que se passe-t-il ? Le laboratoire a fait appel de la première décision d'expertise rendue à Nanterre. Cet appel est non suspensif, c'est pourquoi ma rencontre avec les experts s'est quand même déroulée. Or, à notre grande surprise et à celle de notre avocate, nous perdons en appel à Versailles, quelques semaines seulement avant que les experts aient rendu leur rapport. Apparemment, c'est une première en la matière : la cour d'appel exige soudain que je produise les ordonnances de ma mère pour avoir droit à l'expertise médicale ! Dès lors, la remise du rapport est suspendue.

Je fulmine et j'ai peur. Malgré les paroles rassurantes de maître Verdier, étonnée mais rompue à ce genre de procédure, je suis inquiète. J'ai peur de perdre, de devoir encore débourser de l'argent que je n'ai pas… La seule façon de contester cette décision est de se pourvoir en cassation. Maître Verdier nous explique la suite des événements. Cette cour ne revient pas sur les faits : elle va simplement évaluer le fondement juridique des décisions de Nanterre et de Versailles. C'est la plus haute juridiction en matière de droit civil. Elle seule peut « casser » l'arrêt de la cour d'appel et valider le droit à une expertise qui m'a été initialement reconnu en première instance. Même s'il y a toujours un risque de perdre, mon avocate est confiante. La balle est dans mon camp. Je prends le temps de peser le pour et le contre. Si je poursuis ma procédure, j'ai de vraies chances de gagner et de créer une jurisprudence pour les autres victimes. Mais il est aussi possible de perdre, rien n'est certain. À moi, maintenant, de décider si je suis prête à aller jusqu'au bout de la procédure ou si, de guerre lasse, je préfère céder à la pression des laboratoires…

Rien ne nous est épargné. À cela s'ajoute une expérience inédite pour moi : un matin d'avril, en 2008, un huissier s'est présenté chez moi en me sommant de régler à un laboratoire, sous huit jours, une facture que je n'ai jamais reçue. Une note correspondant à des frais de procédure liés à ma défaite en appel. Car celui qui perd assume tous les frais de justice. Pourtant, je n'ai reçu aucune facture après l'audience. Je n'y comprends rien. J'appelle Damien. Je suis terrorisée en lui lisant l'obligation de payer sous huit jours, « sous peine de saisie de mes biens » ! Soudain, tout me paraît irréel. J'ai l'impression d'être au cœur d'un mauvais film… On est des citoyens honnêtes. On ne croit pas que ce genre de chose peut nous arriver ! En plus, nous devons quitter Paris pour nous rendre à Nice à ce moment-là. Nous avons prévu de longue date des vacances avec Anaëlle, la fille de Damien. Maître Verdier essaie de nous rassurer. Elle nous explique qu'elle va immédiatement porter plainte pour procédure abusive. Et qu'en attendant ni nous-mêmes ni nos meubles ne risquons rien. Le jour J, nous sommes de nouveau à Paris. Notre avocate a quand même contacté le cabinet d'huissiers pour s'assurer qu'il ne se passerait rien. Damien, lui, a pris sa journée, au cas où. Fausse alerte. Personne n'a sonné à la porte.

Il ne me manquait plus que cela : un autre procès dans le procès ! Heureusement, celui-ci est allé très vite. Trois mois plus tard, un arrêt du juge de l'exécution de Créteil condamnait les avoués du laboratoire UCB Pharma pour procédure abusive. Le laboratoire a été condamné à régler les frais de procédure à notre avocate et à nous verser 500 euros de dommages et intérêts. Une petite victoire au terme d'une procédure rapide mais stressante. C'est toujours ça de gagné. Bien que ce ne soit pas l'affaire du siècle, j'assiste avec Damien à l'audience pour voir notre avocate plaider. Elle m'impressionne. Son travail est remarquable. Je me tiens à côté d'elle, mais on ne me demande rien. Je la regarde, émue, replacer cette petite affaire dans le contexte plus vaste de mon combat face au DES qui n'arrive pas à aboutir. Martine Verdier a su trouver les mots. Nous avons gagné cette bataille.

Évidemment, j'en souris aujourd'hui. Pourtant, Damien et moi n'en menions pas large à l'époque. Je crois que c'est le seul moment où nous avons été tentés de tout laisser tomber. Quand ma mère a appris l'épisode de l'huissier, elle m'a laissé un message un peu sec sur mon répondeur en me disant qu'il était peut-être temps de « lâcher l'affaire ». J'ai bien failli l'écouter. C'est l'unique période où nous avons eu l'impression de rejouer le combat du pot de terre contre le pot de fer, d'être seuls au monde. Depuis trois ans, je n'ai encore rien obtenu. Chaque pas en avant est suivi de deux pas en arrière. Même si Martine Verdier essaie de dédramatiser, c'est un univers qui nous est étranger et qui nous effraie un peu. Notre avocate, heureusement, a l'habitude de ces atermoiements et semble sincèrement convaincue de ma prochaine victoire en cassation. Elle me demande de ne pas renoncer. Le chemin parcouru est important. Si je m'arrête maintenant, je me serai battue pour rien. Pire, si j'abandonne, je risque de créer une mauvaise jurisprudence pour toutes les autres victimes après moi. Car je suis l'une des premières victimes de malformations à porter mon dossier devant la justice. Si je ne vais pas en cassation, c'est l'arrêt de Versailles me privant d'une expertise qui fera peut-être jurisprudence dans tous les tribunaux français. Et toutes les procédures de victimes sans ordonnance d'origine risquent de s'interrompre suite à cette décision !

J'avais besoin d'entendre maître Verdier me dire tout cela. Nous avons quand même pris quelques jours pour réfléchir, faire les comptes. En lançant la procédure, j'avais signé une convention d'honoraires, mais à cela se sont depuis ajoutés des frais de procédure. Pour ces cinq années, même si nous avons obtenu des facilités de paiement, Damien estime que notre facture s'élève à 10 000 euros. En plus de tout le reste, si nous nous arrêtons là, cet argent sera définitivement perdu. « Au point où on en est… » a souri Damien. Au moment où nous engageons cette conversation, j'achève ma dernière FIV. « À côté du prix de ce que tu as dans le frigo… » observe encore mon mari. Chaque boîte d'injections coûte 150 euros. Entre les produits bloquants et les déclenchants, j'ai au moins pour 500 euros de médicaments dans mon réfrigérateur à chaque traitement ! Bien sûr, tout est remboursé par la Sécurité sociale, mais ce n'est pas une raison. Et c'est sans compter les arrêts de travail, les dépassements d'honoraires et, bientôt, les frais d'adoption. Pourquoi serait-ce à la société de payer ? Pourquoi ces frais nous incombent-ils à nous ? Je veux en faire une question de principe. Pour moi comme pour les autres victimes, il est temps de demander des comptes. Je décide de me pourvoir en cassation.

Ma colère et ma détermination paient : le 19 mars 2009, la Cour de cassation me donne raison. La décision de la cour d'appel de Versailles est cassée. En clair, même si je n'ai pas les ordonnances de ma mère, le laboratoire se voit contester le droit de faire appel d'une simple décision d'expertise. Conclusion : le rapport doit être enfin rendu et ma procédure doit reprendre un cours « normal ». J'espère que je vais enfin pouvoir lire ce que les experts ont pensé de mon cas. Prochainement, j'aurai droit à un vrai procès devant le tribunal de grande instance de Nanterre. J'ai perdu trois ans, mais au moins j'ai gagné le droit de continuer mon combat. La justice veut entendre ce que j'ai à dire. C'est une victoire pour moi et pour toutes les autres victimes !

Enfin une éclaircie. Et même plus encore…

*

En mars 2009, je reçois l'appel que j'attends depuis quatre ans. « Stéphanie, rappelez-moi. » C'est un message sur mon répondeur que je découvre en sortant d'une énième consultation chez un médecin. C'est la déléguée régionale de l'organisme d'adoption pour le Vietnam. Je me doute de ce qu'elle a à me dire. J'ose l'espérer, en la rappelant immédiatement sur le quai du RER à Denfert-Rochereau. « Oui, Stéphanie, j'ai le plaisir de vous dire qu'un petit garçon de cinq mois et demi attend sa maman. Il est né en septembre dernier au nord d'Hanoi et il vous attend ! » Je crois que tout le quai a profité de mon explosion de joie !

Damien est en réunion lorsque je l'appelle. Je lui laisse quatorze messages. Quand il les entend enfin, il ne peut s'empêcher de les réécouter en boucle. Sur le trajet jusqu'à la maison, j'ai l'impression que mon bonheur se lit sur mon visage, que quelque chose d'indéfinissable a changé et que tout le monde le voit. Je me répète les mots entendus pour mieux les savourer et y croire. Y croire, enfin.

Si tout va bien, nous pourrons aller chercher notre petit garçon dans un délai de trois à six mois. C'est loin et c'est demain à la fois. Soudain, tout s'accélère. Mais si près du but, ce délai paraît interminable. Tant que je n'aurai pas serré mon petit bébé dans mes bras, je sais qu'un imprévu pourra toujours survenir. C'est arrivé à d'autres. J'essaie de ne pas y penser.

Le temps nous semble tellement long que Damien et moi nous noyons dans des modalités pratiques qui, pour une fois, sont une joie. Passeports, visas, vaccins : c'est pour la bonne cause ! Je ne suis déjà plus vraiment là. Dans ma tête, je m'évade. Je m'imagine avec mon fils. Avec Damien, nous commençons à chercher des idées de prénoms. Nous achetons le lit et la future poussette de notre petit. Je me souviens du mal fou que j'ai eu à choisir le modèle idéal, à la fois pratique et esthétique. Tout cela semble tellement irréel. Je feuillette autant de magazines que je peux, parcours des forums et demande tous les conseils possibles et imaginables aux autres « filles DES » déjà mamans. Je m'abonne même au magazine *Maman*, ce qui me vaut quelques gentilles moqueries de la part de Damien… J'ai tellement attendu que je veux être la meilleure maman possible !

Nous faisons la connaissance – virtuelle du moins – de notre bout de chou six semaines plus tard. Cette fois-ci, c'est Damien qui m'a devancée. Il m'appelle pendant la récréation. « Stéphanie, nous avons reçu une photo par e-mail ! » Trouver un ordinateur, vite ! Dès cette minute-là, toute l'école est en ébullition. On me dit que la connexion internet est en panne. La directrice, qui n'ignore rien de mes démarches, s'efforce de la réparer pendant que je surveille mes élèves, à qui j'explique brièvement la situation. L'ordinateur émet soudain un bruit familier. Ça marche !

Et voilà mon petit garçon qui apparaît à l'écran… La photo est bouleversante. Une petite bouille craquante dans un pyjama blanc, avec sa main accrochée au doudou bleu que nous lui avons envoyé. J'imprime les photos, qui font le tour de la cour de récréation. De son côté du globe, notre fils connaît lui aussi déjà nos visages : nous avons accroché une photo de Damien, Anaëlle et moi à son doudou pour qu'il se familiarise lui aussi avec sa nouvelle famille.

Ce soir-là, j'ai imprimé les trois photos que nous avons reçues dans toutes les tailles possibles et imaginables : pour les garder dans ma poche, mon sac, mon agenda, mon portefeuille. Mon fils ne me quitte plus.

Il y a une justice, je vais devenir maman !

L'autre justice suit son cours dans les tribunaux. C'est à ce moment que l'affaire de Marie-Élise est examinée en cassation. Et son cas va faire date, mais je ne le sais pas encore. Que va-t-il arriver maintenant ? Malgré un dossier très épais, moi non plus je n'ai pas ces fichues ordonnances. Personne ne les garde, surtout si longtemps.

Malgré l'arrêt décevant de la cour d'appel, Martine Verdier reste confiante, une fois de plus. Elle m'explique que le contexte juridique est en train de changer, qu'elle espère faire casser la décision de Versailles. « Certaines lignes bougent », me dit-elle. Elle veut croire que l'on va donner raison à Marie-Élise en cassation, ce qui arrivera.

Je dois essayer de patienter sereinement en attendant.

J'ai de quoi m'occuper : j'ai rendez-vous avec mon bébé.

CHAPITRE 10

Un scandale pris au sérieux

> « Il n'y a qu'un devoir : c'est d'être heureux ; il n'y a qu'une vertu : c'est la justice. »
>
> Denis DIDEROT,
> *Essai sur la vie de Sénèque* (1778)

Il y a des mains tendues qui ne se refusent pas.

On ne se connaissait pas, avec Hélène. On ne s'était jamais vues. Un jour pourtant, c'était en 2009, elle m'a envoyé un e-mail adorable pour me dire qu'elle me trouvait courageuse. Elle avait lu quelques articles me concernant et souhaitait me proposer son aide. Comme moi, Hélène est une « fille Distilbène ». Comme moi, elle est née avec une malformation gynécologique. À cause de son exposition au DES, elle a eu de grosses difficultés pendant ses grossesses. Son fils aîné, lourdement handicapé, est né avec de graves séquelles. Hélène a porté plainte pour elle et pour son enfant au nom de la troisième génération des victimes du DES. Elle a décidé de ne pas se laisser faire, et elle a gagné.

Quand je la rencontre, j'ai l'impression de connaître Hélène depuis toujours. J'ai en face de moi quelqu'un de combatif, qui ne s'apitoie pas sur son sort et va de l'avant. Quelqu'un qui se met au service des autres. Quelqu'un qui pense à l'avenir de ses enfants. Quelqu'un à qui j'aimerais ressembler. Elle a conscience du besoin de dialogue et d'information que ressentent beaucoup de victimes. Pour les autres, elle est prête à donner de son temps et de son énergie. Et, si cela peut aider, elle n'hésite pas à partager son expérience.

Pendant les trente premières années de sa vie, Hélène vit une existence feutrée, loin des tourments du DES. Comme moi, elle apprend son exposition au Distilbène grâce à un journal. Un article dans *Libération* sur « les effets retard du Distilbène » paru en février 1988. L'article évoque une étude alarmante menée en 1983 en France par une équipe de l'hôpital Antoine-Béclère, à Paris, autour du docteur Pons, sur les grossesses des filles exposées au DES. Cette étude conclut que « la naissance d'un enfant vivant survient seulement dans 41 % des cas de grossesses ». L'article relate aussi la terrifiante histoire d'une « maman Distilbène » bien décidée à se battre contre l'inertie ambiante. Elle avait pris du DES après trois fausses couches. Elle en a absorbé pour toutes ses grossesses et accouché de quatre enfants entre 1966 et 1973. Tous sont touchés. L'une de ses filles souffre d'une adénose, l'autre d'une endométriose. La petite dernière est née sans vagin et son fils présente une anomalie du canal urinaire. Cette mère s'est alarmée après avoir lu l'article publié dans *Le Monde* en 1983. Pourquoi aucun médecin ne l'a mise en garde plus tôt ? Parce que « personne n'en parle », se désole le docteur Anne Cabau dans l'article.

Hélène décide d'en parler à sa mère. Elle sait vaguement, sans plus de précisions, qu'elle a pris des « hormones » pendant sa grossesse. C'est loin, sa mère n'y a plus repensé depuis longtemps. Mais la mémoire lui est revenue en lisant le même article que sa fille dans *Libération*. Elle croit se souvenir qu'elle a effectivement pris du Distilbène pendant qu'elle attendait sa fille. Hélène, née en août 1958, est la deuxième d'une fratrie de huit enfants. On a prescrit du Distilbène à sa mère parce qu'elle avait fait deux fausses couches auparavant. Sans céder à la panique, Hélène commence à se renseigner auprès de quelques médecins. Qui dédramatisent. Des « histoires de journalistes pour vendre du papier », ironisent-ils. Ils sont encore dans le déni, on dirait.

En 1990, alors qu'elle est enceinte de son premier enfant, Hélène préfère se rapprocher d'une consultation privée pour être suivie le mieux possible. Son col s'est ouvert dès le quatrième mois. Les premières contractions ont déjà commencé. Entre autres malformations, Hélène présente une hypotrophie de l'utérus, un col trop court et un déficit fonctionnel. Face à la menace d'un accouchement prématuré, elle cesse de travailler. La Sécurité sociale ne reconnaît pas la spécificité de sa pathologie à l'époque. Il faudra attendre la loi du 2 décembre 2004, dont le décret d'application est signé en 2006, pour que toutes les femmes exposées au DES bénéficient d'un congé de maternité dès leur premier jour d'arrêt de travail. Mais, malgré toutes ces précautions, Hélène est victime d'une hémorragie à cinq mois et demi de grossesse. Une semaine plus tard, la poche des eaux se rompt. Louis naît à 26 semaines. C'est un très grand prématuré. Il pèse à peine 1 kilo. Il ne sera jamais un enfant comme les autres : aujourd'hui, Louis est handicapé à 80 %.

Hélène met dix ans à sortir la tête de l'eau. Elle doit complètement changer de vie. Elle quitte son cabinet de chirurgien-dentiste pour travailler à mi-temps et pouvoir s'occuper de son fils handicapé. Sa seconde grossesse n'est pas facile non plus : sa fille est née à 7 mois, après un cerclage, mais heureusement n'a subi aucune séquelle. Pendant que Louis et Claire sont petits, elle a trop de choses à gérer pour songer à une quelconque procédure judiciaire. Toutefois, elle ne jette rien. Au cas où. Elle garde tous ses comptes rendus médicaux, le dossier de Louis, toutes les traces de son passage en néonatalogie…

Au cas où, un jour, elle aurait l'idée d'en parler à un avocat. Cette idée va germer alors qu'elle regarde le film de Stéphane Mercurio, diffusé sur Arte. À la fin du documentaire, Véronique et moi, deux « filles DES », évoquons l'idée de porter plainte contre les laboratoires. Le mari d'Hélène, qui connaît très bien les arcanes du monde judiciaire, est d'abord sceptique. Mais il laisse sa femme rassembler quelques pièces du dossier. On verra bien ce qu'on trouve… La mère d'Hélène n'ayant gardé aucune ordonnance, leur seule chance est de retrouver son dossier médical. Plus de quarante ans après sa grossesse, ils imaginent que c'est impossible. Autant chercher une aiguille dans une botte de foin. Pourtant, une seule courte expédition dans la cave poussiéreuse d'une petite clinique de province suffit. Hélène est née en août 1958.

Non seulement son dossier existe, mais le gynécologue a annoté très clairement, de sa belle écriture déliée, la mention « grossesse sous Distilbène » dans les mois qui ont précédé la naissance d'Hélène. Le médicament a été prescrit à quatre reprises et uniquement pendant cette grossesse. Ses frères et sœurs, eux, n'ont pas été exposés.

Autre surprise, le gynécologue de sa mère, jeune praticien à l'époque, exerce toujours, à Dieppe ! Hélène lui écrit immédiatement pour lui exposer sa démarche. Sauf qu'elle se heurte à une belle fin de non-recevoir. « Absolument aucune de mes patientes traitées au Distilbène n'a eu d'enfants qui auraient connu des problèmes », s'insurge le médecin avec mépris. Heureusement, Hélène n'a pas besoin de lui : il a déjà signé ses « aveux » sur le dossier médical de sa mère. Elle a tout gardé : tous les documents qu'elle a récupérés sont rangés dans un grand cabas.

Hélène contacte à son tour Martine Verdier après avoir vu son nom sur une vieille coupure de presse d'un article du *Nouvel Observateur* consacré au Distilbène. Elle ne sait pas trop par où commencer. Micheline, une amie médecin, l'aide à rédiger un premier résumé de son histoire à destination de l'avocate. Maître Verdier est vite convaincue. Elle trouve son dossier particulièrement solide et, en 2003, assigne officiellement le laboratoire UCB Pharma. Après une mise sous tutelle de son fils, la plainte est déposée au nom de Louis. C'est pour lui qu'Hélène veut obtenir justice. Pour lui offrir un avenir aussi serein que possible. Pour garantir son confort matériel. Pour ne pas imposer cette lourde charge à sa petite sœur, le jour où ses parents ne seront plus là pour s'en occuper.

Car Louis ne peut pas rester seul. Ce jeune homme, né en 1990, se déplace en fauteuil roulant. Il passe une partie de son temps en établissement de jour spécialisé facturé 200 euros la journée. L'appartement familial a dû être totalement réaménagé. La voiture aussi. Pour l'aide d'une tierce personne, c'est 20 euros de l'heure… On devine une vie compliquée sur laquelle Hélène ne s'étend pas. Elle coupe court et assure qu'elle profite pleinement de la vie avec son fils et que c'est tout ce qui compte. Louis adore parler, communiquer avec les autres, faire de nouvelles rencontres. Hélène prend plaisir à élargir les horizons de son fils, à le faire voyager dès qu'elle peut. Elle dit joliment qu'elle est contre la « double peine ». Un enfant handicapé, c'est déjà une épreuve. Pas la peine d'en rajouter en pleurant sur son sort : il faut profiter de la vie, telle qu'elle est. Hélène préfère être dans l'action et cultive l'optimisme. Ruminer ne sert à rien. Mais obtenir justice, si. Pour y parvenir, Hélène est prête à patienter le temps qu'il faudra : elle a attendu six ans avant de fouler les marches du tribunal de grande instance de Nanterre.

Quand le jour du procès est arrivé, en 2009, Hélène a emmené Louis au tribunal. Elle a essayé de lui expliquer son histoire dans les grandes lignes. Hélène tient à ce qu'il assiste à l'audience. Elle se souvient que la partie adverse était mal à l'aise face à lui. Louis a regardé les avocats plaider et disserter sur le dossier médical et l'utérus de sa maman. Le moment est solennel. Pour Hélène, mais pas seulement : à travers son action, elle espère aussi porter la voix de tous les enfants handicapés nés prématurés à cause de l'exposition de leur mère au DES. Certains de ces enfants sont morts aujourd'hui. Pourtant peu de familles auront suffisamment d'énergie et de ressources pour engager une action judiciaire. Nombreux sont ceux qui, faute de preuves, de moyens ou simplement de forces, préfèrent renoncer.

Toutes n'ont pas la détermination d'Hélène.

Le 10 avril 2009, le tribunal de grande instance de Nanterre confirme que le handicap de Louis est lié à l'exposition *in utero* de sa mère au Distilbène et condamne le laboratoire UCB Pharma à verser plus de 2 millions d'euros de dommages et intérêts à sa famille, ainsi qu'une rente à vie de 14 000 euros par trimestre pour une « assistance tierce personne ». Hélène est soulagée : l'avenir de son fils est assuré, il ne manquera de rien ni d'aucun soin. L'indemnisation accordée – dont une partie importante revient à la caisse primaire d'assurance maladie – tient compte des frais encourus et à venir et assure ainsi à Louis une vie aussi normale que possible.

Ce jour-là, Hélène n'a qu'un regret : que sa mère soit morte avant que justice ne leur soit rendue. Le DES a gâché une partie de sa vie à elle aussi. Elle a tant culpabilisé d'avoir pris du Distilbène pendant sa grossesse, d'avoir donné naissance à une fille avec un utérus imparfait et d'avoir, quelque part, causé le handicap de son petit-fils. Alors qu'elle n'y était pour rien. Hélène le lui a toujours dit. Elle aurait aimé, ce jour-là, qu'elle l'entende, très solennellement, dans une salle d'audience.

À la sortie du tribunal, des médias, de plus en plus nombreux à suivre le dossier, cueillent les réactions de maître Verdier. Le laboratoire, lui, fera une brève déclaration à l'Agence France-Presse. « Le tribunal a retenu la responsabilité d'UCB Pharma, mais nous n'avons pas encore pris connaissance des détails du jugement et il est encore trop tôt pour dire si nous ferons appel », déclare alors à l'AFP le directeur général d'UCB Pharma.

Le laboratoire fera appel. Hélène s'en doutait. Son affaire sera donc rejugée devant la cour d'appel de Versailles. Elle s'est préparée à patienter le temps qu'il faudra. Par mesure de prudence, elle a placé l'argent de Louis sur un compte.

En attendant, elle aide d'autres familles à monter leur dossier, les oriente vers des avocats. En ce qui concerne les frais qu'elle a payés, elle répond que, pour sa part, elle a gagné en première instance en déboursant 5 000 euros de frais de procédure. Elle a confiance en la justice et ne regrette rien. Quand des victimes lui demandent des conseils, elle répond simplement : « Constituez votre dossier, et, s'il tient un minimum la route, n'ayez pas peur du combat du pot de terre contre le pot de fer. » Tiens, ce n'est pas la première fois que j'entends quelqu'un employer cette expression...

*

Je vais avoir l'occasion de la citer : c'est l'époque où les demandes d'interview commencent à affluer. En fondant mon association, en 2003, je n'ai jamais vraiment pensé à médiatiser mon histoire. Tout est arrivé par hasard. Je n'ai jamais voulu passer à la télé. J'ai seulement participé à un documentaire. Je commence maintenant à répondre à des interviews à la radio. Après la victoire d'Hélène et de quelques autres « filles DES », je constate que, malgré sa complexité médicale et judiciaire, le combat des victimes du DES commence à intéresser sérieusement les médias. Le Réseau DES et Les Filles DES, les deux principales associations à défendre cette cause, sont de plus en plus sollicités. Il faut en profiter pour sensibiliser l'opinion.

En mars 2009, le quotidien *Libération*, qui suit de près cette affaire, publie un autre article important pour les victimes intitulé « La Cour de cassation délivre les filles du Distilbène d'ordonnance ». À ce stade, la Cour de cassation ne s'est pas vraiment prononcée sur cette possibilité d'absence d'ordonnance, elle a simplement tranché sur la possibilité de poursuivre l'expertise. Mais il s'agit bien d'un tournant pour les victimes. L'article de Charlotte Rotman fait suite à l'arrêt de la Cour de cassation qui m'autorise enfin à reprendre ma procédure judiciaire sans fournir les ordonnances de l'époque. La journaliste en conclut que « les victimes du médicament peuvent à présent poursuivre les labos sans preuve de prescription ».

Cet article jouera un rôle fondamental pour la suite des procès. En deux ans, nous avions diffusé des milliers d'e-mails en espérant qu'un média « s'empare » enfin de notre cause. Et *Libération* continue de s'y intéresser et nous consacre une pleine page. Notre combat prend soudain une autre dimension ! Suite à cet article, toute la presse a commencé à nous contacter pour que nous réagissions sur le sujet. Pour la première fois, l'AFP, l'agence qui fournit les dépêches à l'essentiel des médias français, prend également contact avec nous. Cet article est aussi pour nous une occasion inespérée de préparer le terrain pour l'audience en cassation du dossier de Marie-Élise, qui portera sur la question du renversement de la charge de la preuve. Nous disposons désormais d'un réseau de journalistes attentifs, mais aussi d'une certaine légitimité pour notre association. Le scandale du DES est enfin pris au sérieux.

J'ai également ravalé ma timidité pour me prêter à un portrait dans *Libération*. Depuis ma participation au film de Stéphane Mercurio, je n'ai jamais été aussi exposée ! J'ai accepté parce que je suis un exemple. Pas un modèle ni une référence, non, mais une modeste illustration, parmi tant d'autres, des victimes qui se battent. C'est un papier honnête, intitulé « La lutte d'une femme interdite d'enfanter ». L'article retrace mon histoire depuis mon adolescence. Damien est décrit comme un homme « volubile et compatissant ». Ça lui va bien et je suis heureuse qu'on n'ait pas omis de souligner le rôle fondamental des maris, cette fois. Je rappelle que « si je n'ai pas d'enfants, ce n'est pas un choix ». Concernant le procès, je déclare : « Je le fais pour moi, pour tirer un trait, conclure l'histoire. Je veux qu'on reconnaisse la responsabilité des laboratoires et aussi de la société. Et je pense aussi aux autres victimes. »

Le lendemain de la parution de cet article, les laboratoires, d'ordinaire peu loquaces et avares d'interviews, ont tenu à s'exprimer. Ils n'ont pas convoqué la presse mais diffusé un communiqué. C'est une journaliste de France 2 qui me l'a appris. Elle m'a appelée pour me demander une réaction. Une réaction à quoi ? Je n'étais pas au courant. Elle était sidérée que les laboratoires n'aient pas eu la courtoisie de nous envoyer leur communiqué, à moi et à mon association.

Elle me l'a lu au téléphone. « La société UCB Pharma France tient à dire combien elle est respectueuse de la profonde émotion qui entoure la situation douloureuse des femmes ayant été exposées au diéthylstilbestrol (DES). Elle tient cependant à relever une information parfois erronée, diffusée depuis hier, concernant trois arrêts rendus le 19 mars 2009 par la Cour de cassation dans le cadre d'actions engagées à l'encontre d'UCB Pharma et de Novartis. Ces arrêts confirment la nécessité de réaliser une expertise médicale judiciaire pour étudier la situation de chacune de ces jeunes femmes. Suite à ces expertises, les demandes d'indemnisation de ces jeunes femmes seront examinées devant le tribunal. Contrairement à certaines informations diffusées, la Cour de cassation n'a pas décidé que les plaignantes pourraient être libérées de l'obligation d'avoir à apporter, par des documents médicaux de l'époque, la preuve de l'exposition au médicament de l'un ou l'autre des deux laboratoires. Cette preuve d'exposition demeure donc nécessaire pour rechercher la responsabilité des laboratoires. UCB Pharma a toujours fait face à ses responsabilités lorsqu'elles ont été clairement établies et le fera, le cas échéant, dans ces affaires complexes qui nécessitent de prendre en compte l'ensemble des éléments de ces dossiers. »

J'ai guetté la presse du lendemain : je n'ai vu le communiqué repris nulle part. J'ai rappelé à la journaliste de France 2 que personne ne contestait la nécessité d'une expertise médicale judiciaire pour examiner la situation des victimes. Bien au contraire ! Les victimes entendent bien prouver leur exposition au DES pour obtenir justice.

La nouveauté, en revanche, si comme moi elles ne peuvent produire les ordonnances de leur mère, est qu'elles peuvent encore plaider leur cause par d'autres moyens, par des attestations, des témoignages, par leur dossier médical et autres expertises.

Tout compte fait, ce communiqué m'a ravie. J'ai compris qu'on existait enfin aux yeux des labos, que le droit des victimes commençait à prendre sérieusement de l'ampleur.

*

Après l'annonce de la décision de la cour me concernant et la publication de l'article dans *Libération*, j'ai reçu des centaines de témoignages et d'e-mails de soutien bouleversants.

« Merci de défendre notre cause jusqu'au bout, m'écrit Nathalie. Je suis absolument solidaire de la démarche car réellement concernée par le problème. J'ai 34 ans et toujours pas d'enfants. Mon couple n'a pas résisté. Ma mère culpabilise toujours et doit se soigner pour le supporter moralement. C'est injuste ! Renoncer à mon désir d'enfant a été une épreuve difficile. J'ai suivi une psychothérapie pour y parvenir et je n'ai plus envie de retourner le couteau dans la plaie. Je suis prête à vous aider autant que possible, mais je pense que je ne porterai pas plainte. J'ai bientôt 34 ans et il est temps de passer à autre chose. Dans la mesure du possible, puisque j'ai encore subi une biopsie hier... »

« J'ai 43 ans et un début de cancer du col, témoigne Catherine. Le gynéco qui avait prescrit du Distilbène à ma mère est mort, mais je n'ai pas encore consulté les archives médicales. Après avoir perdu mon bébé, suite à une grossesse compliquée, il a fallu du temps pour trouver la paix. Pas facile de se dire qu'à cause des labos et du silence des toubibs, une génération a souffert et que tout le monde s'en fiche ! Aujourd'hui, j'essaie de vivre sans enfant. Seul bémol, la visite annuelle chez le gynéco avec l'angoisse du cancer du col et cette table d'examen que je ne peux plus voir en peinture ! Ce n'est pas écrit "Entrez, c'est ouvert". Le procès, je suis tentée, si je rassemble assez de pièces. Il faut juste que je voie combien ça coûte. Je ne voudrais pas, en plus, faire un emprunt pour cette histoire. »

« Lorsque j'ai appris que j'étais une "fille DES", j'avais 18 ans, confie Véronique. Mes parents avaient besoin de me raconter comment ils m'avaient eue, après cinq fausses couches. Ils avaient l'air de souffrir et de ressentir une lourde culpabilité. À l'époque, je ne comprenais pas trop quel impact cela pouvait avoir sur ma vie de femme. Mais quand, finalement, à 24 ans, je suis tombée enceinte de mon fils, ma grossesse a été un véritable cauchemar. J'ai passé cinq mois entiers couchée, le col ouvert, pétrifiée. Le jour de mon accouchement, mon gynécologue est passé me voir. Alors que j'étais en pleines contractions, il m'a dit : "Vous voyez bien que votre mère n'a jamais pris de Distilbène, sinon vous ne seriez pas en train d'accoucher." J'ai un magnifique garçon qui a bientôt 8 ans, mais je n'ai jamais eu la force de tenter d'autres grossesses tant la première fut une véritable épreuve. Je me sens aussi un peu "honteuse" d'avoir pu, moi, devenir mère, alors que de nombreuses femmes DES ne connaîtront jamais ce bonheur. Je suis tentée d'attaquer, mais serai-je légitime à engager une procédure judiciaire, moi qui suis déjà mère ? »

J'ai des dizaines et des dizaines de messages semblables dans mon ordinateur. Souvent, les mêmes souffrances et les mêmes questions reviennent. Le deuil de l'enfant, le stress des grossesses, la peur du cancer, la culpabilité des mères, la dépression, le divorce… Il y a aussi celles qui s'en tirent « mieux », comme Véronique, mais qui culpabilisent par rapport aux autres. Quelques hommes m'ont également écrit. Une majorité de ces victimes sont tentées par l'idée d'une procédure, mais je doute que beaucoup l'entreprennent. Entre la volonté de tourner la page, la peur de l'expertise, la crainte des délais et du coût d'un procès, elles hésitent. Je les comprends. Je ne peux que leur conseiller de rassembler les pièces de leur dossier et de les soumettre à un avocat pour se faire une idée. Une poignée de victimes m'ont quand même affirmé avoir lancé une procédure. Si mon témoignage n'a servi qu'à elles seules, il n'aura pas été vain.

En relisant tous ces messages, je mesure l'importance du combat à mener, la ténacité et l'obstination dont il faut faire preuve, la nécessité d'être bien entouré et de ne pas s'isoler. Le rôle de l'association aussi. Je me sens dépositaire d'une grande responsabilité vis-à-vis de toutes ces victimes.

Malgré tout ce que j'ai enduré, je commence à bâtir la vie dont je rêvais enfant. J'ai un beau métier, un bel appartement, un mari que j'aime et qui m'aime. Il m'a toujours soutenue. Pendant les FIV, dans mon combat au sein de l'association, durant mon parcours judiciaire.

Le ciel se dégage pour moi. Si tout se déroule comme prévu, je vais enfin être maman. Je n'ose pas trop y penser... Pendant toute cette période d'intense activité, j'attends le plus sereinement possible l'autorisation d'aller chercher mon bébé. En me plongeant dans l'action et en me sentant utile, le temps, toujours trop long, finit par s'écouler. À force d'obstination et de persévérance, nous avons réussi à faire bouger tant de choses : la presse parle du Distilbène et la justice s'active. Je veux croire que tout peut arriver. Mon bonheur sera-t-il bientôt total ?

À quelques kilomètres au nord d'Hanoi, mon petit trésor vietnamien m'attend. Je veux serrer mon enfant dans mes bras. Que mon rêve devienne réalité.

Chapitre 11

Enfin maman !

« C'est doux, la nuit, de regarder le ciel. Toutes les étoiles sont fleuries. »

Antoine de Saint-Exupéry,
Le Petit Prince

C'est officiel : je m'envole pour le Vietnam le lundi 22 juin à 12 h 25.

Jusqu'au dernier moment, j'évite de me réjouir. En deux mois, Damien et moi avons déjà vécu deux faux départs… Un mélange d'excitation et de peur nous a fait passer une nuit très courte. Nous avons du mal à y croire. Mais on dirait que cette fois-ci est la bonne. Nos deux grosses valises sont en soute. La balance affiche 60 kilos : entre les vêtements de notre bébé, le nécessaire à pharmacie, nos propres affaires et tous les papiers administratifs, nous frôlons l'excédent de bagages ! Nous partons, chargés comme de vrais jeunes parents, pour au moins trois semaines. Peut-être plus, à cause des formalités administratives qui nous attendent. J'ai tellement hâte d'y être. Je feuillette nerveusement mon guide touristique dans l'avion. Le Vietnam, l'Asie éternelle. Sa capitale Hanoi, son célèbre delta et les abords du fleuve Rouge. Ses temples, ses marchands ambulants et ses vélos. C'est surtout le pays où est né mon fils. Le pays où il m'attend…

Au moment du décollage, je serre fort la main de Damien. Je n'ai pas peur, je suis heureuse. Je ne dormirai quasiment pas pendant les treize heures de voyage. Nerveusement, je surveille, sans cesse, la progression de notre vol sur les écrans vidéo.

Je voudrais tellement serrer Romain dans mes bras. Oui, il s'appelle Romain. Nous avons choisi le prénom en famille, il y a déjà plus de quinze mois, quand notre organisme a finalement accepté notre dossier d'adoption pour le Vietnam. Après avoir évoqué différentes idées, Damien et moi avons demandé son avis à Anaëlle, sa future grande sœur. Elle a rédigé une petite liste de prénoms qu'elle nous a montrée. Quand nous avons vu qu'elle avait spontanément pensé à « Romain », un des prénoms que nous avions retenus, nous n'avons pas cherché plus loin. C'était un signe. Notre bébé s'appellera donc Romain Chevallier. Par superstition, à part nous trois, personne d'autre n'est dans la confidence. Et c'est encore Anaëlle qui, lors d'un voyage à Londres, lui a choisi son premier doudou dans un magasin de jouets.

*

« Bienvenue à Hanoi, il est 6 heures du matin heure locale, annonce le commandant de bord. La température extérieure est de 30 °C. » Damien et moi sentons déjà perler quelques gouttes de sueur. Mais pas seulement à cause de la chaleur…

Un bruyant orage salue notre arrivée. Après une heure de route en taxi sous ce déluge, nous posons nos valises dans une petite pension ravissante, choisie par l'organisme, en plein cœur d'Hanoi. La journée s'annonce belle malgré le temps : la propriétaire des lieux, ayant vu ma date de naissance sur mon passeport, m'offre un bouquet de roses ! Nous sommes le 23 juin et j'ai 35 ans aujourd'hui. J'attends maintenant le plus beau cadeau qu'une mère puisse recevoir. Ce n'est plus qu'une question de jours, normalement. Allez, Stéphanie, encore un peu de patience.

Auparavant, nous avons rendez-vous avec Mme H., une figure incontournable pour la plupart des parents adoptant dans le nord du Vietnam. Mme H., qui travaille comme intermédiaire auprès de plusieurs organismes agréés pour l'adoption, a croisé beaucoup de monde au cours de sa carrière consacrée aux enfants. Elle s'assure à chaque fois que la procédure se déroule bien dans les règles, que le bien-être des enfants est garanti. Impossible d'adopter dans cette région sans passer par elle. Et, aujourd'hui, c'est nous qu'elle va « accompagner » vers notre bonheur. La suite des événements se déroulera normalement demain, indique-t-elle. Je sais juste, sans plus de précisions, que nous irons voir notre bébé dans un orphelinat qui se trouve au nord d'Hanoi. Je ne sais même pas si je pourrai le ramener avec moi le jour même. Mais, au moins, je vais le voir…

Plus que quelques heures à patienter. Nous en profitons pour acheter des timbres pour envoyer le futur faire-part de Romain tamponné du Vietnam. Bientôt. D'ici là, impossible de manger ou de trouver le sommeil ! Je fais quand même de beaux rêves. Éveillée et impatiente de vivre la suite.

Le lendemain matin, nous tournons en rond avant qu'enfin Mme H. arrive, à midi. Direction, l'orphelinat. Je ne saurais dire combien de temps nous avons roulé. Deux heures, probablement, sur des routes plus ou moins praticables, jusqu'aux environs du mont Ba Vi, un des sommets du Vietnam du Nord. L'établissement est bien protégé. Il est intégré dans un grand centre, au milieu des rizières, entre des écoles et des bâtiments militaires. Voilà donc les murs où notre fils a grandi. Des neuf premiers mois de sa vie, nous ne savons presque rien, si ce n'est qu'il s'appelle Nguyen Van Nam, qu'il est né le 12 septembre 2008 et qu'il a été élevé par des nounous en attendant qu'on lui trouve une famille. Ces enfants sont très bien entourés. Il faut montrer patte blanche avant de pénétrer dans la grande enceinte où sont logés les orphelins. La directrice va nous accueillir dans un salon d'honneur. L'échéance approche : après un long parcours de près de cinq ans, Damien et moi allons rencontrer notre enfant.

*

Quand j'ai vu Romain, je ne me suis pas pincée. J'ai regardé ma montre. Il est 14 h 37 et 16 secondes, ce 24 juin 2009, quand je rencontre mon fils. Romain nous est d'abord présenté dans les bras de sa nounou. On me prévient qu'il doit subir un dernier examen rapide et une petite prise de sang avant que je le prenne dans mes bras. Mon bébé pleure soudain à chaudes larmes. Même s'il semble se remettre vite, j'ai le cœur gros d'entendre ses premiers pleurs. Pendant les quatre heures qui vont suivre, je vais pouvoir le serrer contre moi à l'envi. Quand je le prends dans mes bras, il se met tout de suite à jouer avec mes cheveux. Damien le prend à son tour. Puis je lui donne le biberon. Romain se laisse faire. Il nous montre même le doudou qu'on lui a offert. Il est vif et éveillé. Je crois vraiment qu'il nous a adoptés !

Oui, mon fils m'a adoptée.

Ce jour-là, nous sommes repartis sans Romain. J'apprends que la remise officielle est prévue pour le lendemain. Sa nounou l'a emmené jusqu'à la grille pour nous dire au revoir. Je le revois, debout, à nous observer. Je crois que je garderai à jamais cette image gravée en moi. Même si nous savons que nous allons le retrouver le lendemain pour la remise officielle, ce n'est pas facile de le quitter. Mon bébé me manque déjà ! Heureusement qu'il nous reste 185 photos et trente minutes de film pour nous repasser cette journée en boucle le soir à la pension. Je doute que je puisse encore trouver le sommeil ce soir. Dehors, la chaleur est accablante et l'air difficilement respirable.

Je crois que j'étouffe de bonheur aussi. Mon rêve est en train de devenir réalité.

Je n'oublierai jamais la date du 25 juin 2009. C'est le jour où Mme H. doit nous emmener signer les papiers officiels de « remise » de l'enfant. Dès 7 h 30 du matin, Mme H. est là pour nous faire signer les derniers papiers et nous indique qu'elle téléphonera à 10 heures pour nous communiquer l'heure de la cérémonie. 10 heures, 11 heures, midi, le temps passe et toujours rien. Nous savons qu'au Vietnam la notion du temps n'est pas la même qu'en France et essayons de ne pas trop nous inquiéter. À 13 heures, Damien et moi parvenons quand même à avaler un bol de nouilles pour prendre des forces. Ce sera notre dernier repas sans enfants, car nous apercevons enfin la secrétaire de Mme H., venue nous chercher. Il est grand temps de nous rendre au ministère de la Justice retrouver notre enfant . J'ai encore du mal à y croire…

Pourtant, c'est bien réel. Tout ce qu'il y a de plus officiel. Une salle nous a été réservée au ministère. Nous sommes trois parents, nous et une maman célibataire, passée par le même organisme. Les parents les plus heureux du monde à cet instant précis, quand entrent dans la pièce les nounous avec notre petit garçon et Thi Lan, une petite fille. Malgré les sourires de Romain, nous devinons que l'instant est douloureux pour les nounous qui se sont occupées de ces enfants. Celle de Romain me laisse lui donner le biberon, mais je dois vite m'interrompre à cause de la cérémonie qui débute.

Elle se révèle très courte. Une représentante du Comité populaire d'Hanoi nous fait signer les papiers en vietnamien et nous remet solennellement l'acte de naissance de notre enfant sous le buste d'Hô Chi Minh et devant la carte du Vietnam du Nord. Romain nous est officiellement confié. Nous signons à tour de rôle un gros registre sur lequel se trouve déjà la photo de Romain. Damien, les yeux brillants, articule quelques mots de remerciement au nom des parents adoptants. J'ai encore à la maison le petit bristol où mon mari a rédigé son émouvant discours, traduit par Mme H. Il termine en disant : « Vous avez aujourd'hui notre engagement que nos deux familles mettront tous leurs moyens, leur amour pour leur apporter la meilleure éducation et la meilleure réussite. »

Tout le monde est bouleversé en quittant la salle. À part les enfants, peut-être ! Romain semble fatigué. Il s'endort presque immédiatement dans le taxi qui nous ramène. À 9 mois, a-t-il la moindre idée de ce qui se passe ? L'arrivée à la pension est plus difficile. Il n'a plus ses repères ni sa nounou. Nous le consolons de son chagrin jusqu'à ce qu'il s'endorme, pour la première fois, dans mes bras. Les « premières fois » sont enfin là, l'aventure commence.

Cette première nuit à trois ressemble à un baptême du feu. Romain, en plus d'être un peu désorienté, est aussi souffrant. À 2 heures du matin, il a du mal à respirer. Il tousse beaucoup, puis se met à vomir. Nous avions remarqué à l'orphelinat qu'on lui administrait des antibiotiques, mais nous n'avions pas réussi à obtenir de détails. Le sérum physiologique et notre mouche-bébé ne changent rien. Heureusement, la fille de la propriétaire de la pension est pédiatre à l'hôpital français d'Hanoi. Elle accepte bien sûr d'ausculter Romain malgré l'heure tardive et se veut rassurante. Elle nous indique ce qu'il faut faire, quels médicaments il doit prendre. Il se trouve que nous avons le nécessaire dans nos bagages. Romain va déjà un peu mieux avec le masque respiratoire. Il ne reste plus qu'à attendre que les médicaments fassent effet. La jeune médecin nous donne un rendez-vous, le lendemain, à l'hôpital pour réaliser une radio des poumons, au cas où…

C'est cela, être mère. La fin de notre première nuit à trois sera blanche, car le pauvre Romain n'arrive à respirer qu'en position assise, dans notre lit. Mais c'est une belle nuit ! Même si je n'aime pas voir mon bébé souffrir, je suis heureuse d'être à ses côtés et de pouvoir veiller sur lui. Je serai toujours là pour lui à partir de maintenant.

Dès le lendemain, il va déjà un peu mieux. Pendant qu'il se repose un peu, son père part à l'aventure déposer sa demande de passeport. Il se rend dans les services de l'immigration vietnamiens, où, malgré une grande anarchie apparente, il parvient à accomplir sa mission. Une bonne chose de faite ! Nous nous dirigeons ensuite tous les trois vers l'hôpital français. Bilan de la radio : une bonne bronchite à surveiller et un traitement sous cortisone. Romain n'est pas rancunier. Malgré tout ce que nous lui avons fait subir en deux jours, entre la radiographie, l'examen du pédiatre, le mouche-bébé et même quelques formalités administratives, il s'est très vite attaché à nous. Il s'amuse avec ses jeux, s'allonge par terre comme il en avait pris l'habitude à l'orphelinat, arrive à se mettre debout en s'accrochant au bord du lit. Damien est comblé : son fils sait prononcer « papa » ! Il le dit en riant et en montrant ses six premières dents. On est ému à chaque seconde. J'ai raté ses premiers mois et je veux désormais savourer chaque minute avec lui.

*

Comment dit-on « Distilbène » en vietnamien ? Aucune idée ! Ce voyage à la rencontre de notre bébé est l'occasion aussi d'une parenthèse enchantée, loin des procédures que nous avons temporairement laissées à Paris. J'estime que je mérite un peu de bonheur et de tranquillité. Comme on nous l'avait signalé, nous constatons que beaucoup de médicaments sont interdits au Vietnam. Le DES est-il arrivé jusqu'ici ? Je n'en sais rien. Je garde juste le lien avec quelques copines qui suivent notre périple à travers le blog que nous avons créé.

Le jour de notre arrivée, nous avons aussi consulté quelques articles sur Internet, suite à l'audience de Marie-Élise, en cassation, le 23 juin 2009. Nous l'avons manquée, mais plusieurs membres de l'association s'y sont rendus pour nous représenter. C'est une audience historique : les magistrats de la Cour de cassation examinent un « dossier DES » en séance plénière, publique et en présence des avocats, et non plus en audience restreinte entre magistrats. Le Distilbène devient enfin un problème de santé publique. Martine Verdier nous a également envoyé un petit compte rendu par e-mail. Beaucoup de médias se sont déplacés. Certains journalistes essaient même de me joindre au Vietnam. Je suis loin de tout ça. Temporairement, car je les retrouverai à la rentrée. Le résultat est mis en délibéré en septembre. Nous y serons. Avec Romain.

*

M'occuper de Romain me semble très naturel. Les gestes viennent d'eux-mêmes. Tout paraît facile avec lui. Avant de récupérer son passeport et la traduction des actes vietnamiens nécessaires à sa demande de visa, nous avons quelques jours pour visiter un peu Hanoi. C'est l'occasion de faire nos vraies premières promenades en famille. Nous adorons nous perdre dans les différents quartiers, celui des forgerons, des magasins de jouets, des magasins de décoration pour les fêtes traditionnelles bouddhistes. Nous fondre dans la foule au marché de Dong Xuan, qui s'élève sur trois étages, avec ses étals de vêtements, de tissus, d'épices… Arpenter la douce « rue de la Soie » tapissée de robes et d'étoles en tout genre. J'achète de petites tenues traditionnelles pour mon bébé.

Cette ville ne cesse de nous surprendre. Parfois, avec le bruit et la chaleur étouffante, un peu de calme s'impose, et nous nous réfugions au temple de Jade… En deux semaines, nous avons appris à connaître et à apprivoiser cette capitale.

Si encore on se reposait la nuit. Mais non, Romain continue de se réveiller, cinq fois au moins, et toujours en grande forme ! Je connais des parents poussés à bout par le manque de sommeil. Moi, j'aurais mauvaise grâce à m'en plaindre. Je profite de cette expérience nouvelle. C'est à chaque fois une fête, des câlins, des moments doux… Parfois, Damien et Romain rattrapent un peu de sommeil lors d'une petite sieste l'après-midi. Et moi je les regarde dormir, heureuse.

Je me souviens d'avoir aussi donné son premier bain à Romain. À l'orphelinat, cela n'existe pas : les enfants sont exclusivement lavés au gant de toilette. Après une petite appréhension pour tremper une main, ce furent les grandes eaux de Versailles et d'immenses éclats de rire.

Nous voyons Thi Lan, la petite fille adoptée en même temps que Romain, et sa maman. Nous échangeons nos impressions, nos sentiments. Nous évoquons l'incroyable bouleversement que représente la présence d'un enfant à nos côtés.

Pendant ce temps, le reste des formalités se précise. Même si nous avons officiellement adopté Romain au Vietnam, l'obtention d'un visa pour la France puis l'adoption suivant le droit français ne sont pas instantanées. Nous avons déjà reçu tous les documents officiels vietnamiens nécessaires ainsi que leurs traductions. Acte de naissance, publications, décision d'adoption : nous récupérons en tout 13 documents en cinq exemplaires. Romain pèse lourd en papiers ! Grâce à ces documents, nous pouvons aller à l'ambassade de France faire la demande de visa pour Romain. C'est la procédure. Il va sortir du territoire avec un passeport vietnamien tamponné d'un visa français spécifique validé par la Mission internationale pour l'adoption du Quai d'Orsay. La suite des formalités se déroulera en France. Toutes ces procédures nous ont pris deux bonnes semaines. Une fois son passeport et son visa en poche, nous avons pu acheter à Romain son billet d'avion. Un aller simple pour Paris.

Avant de partir, nous décidons quand même de nous offrir un petit séjour dans la baie d'Along. Deux jours de croisière en jonque privée avec un autre couple. C'est là que nous sympathisons avec les parents de Maëlys, une autre petite fille vietnamienne adoptée, comme Romain. Jessica et Frédéric sont arrivés quelques jours après nous et ne parlent pas anglais. Eux aussi veulent vivre des moments inoubliables. Nous organiserons avec eux ce voyage grâce au contact d'une agence spécialisée dans l'organisation d'excursions pour les couples adoptants. Va pour la baie d'Along ! Un séjour idyllique avec nos deux enfants qui rigolent dans la voiture, s'endorment à tour de rôle, regardent le paysage, découvrent ce pays qui les a vus naître… Nous sommes si heureux de cette échappée belle dans ce décor paradisiaque !

À notre retour à Hanoi, les températures s'affolent. Le mercure tutoie les 40 °C sur notre terrasse pourtant bien à l'ombre. Par cette chaleur, il devient difficile de se promener. Dès le réveil, vers 6 heures, en sortant de notre chambre, c'est le choc thermique ! Il nous arrive même de nous réfugier dans le centre commercial pour profiter d'une balade climatisée. La météo annonce qu'un typhon balaie l'extrême nord du pays. Le lendemain, le ciel va littéralement nous tomber sur la tête. Plus question de sortir, même avec les meilleurs parapluies. Maëlys vient jouer avec Romain à l'heure du déjeuner. Décidément, ces deux-là sont inséparables. Bonne nouvelle : nous prenons le même vol que ses parents vers la France. Je suis à la fois impatiente de rentrer et émue de quitter ce pays qui nous a tant donné. Mais ce n'est qu'un au revoir. Avec Damien, nous sommes convenus de revenir souvent, pour ne pas couper notre fils de son pays natal.

*

Nous décollons pour Paris le 15 juillet à 18 h 45. Ce voyage s'annonce comme une expédition pour notre bout de chou.

Nous comptons une heure de taxi pour l'aéroport, deux heures de formalités et douze heures de vol. Le temps de récupérer nos valises, de repasser les contrôles et de prendre un taxi, nous pouvons espérer arriver à la maison vers 10 heures le lendemain matin, soit après une vingtaine d'heures de voyage.

Quand nous arrivons à l'aéroport d'Hanoi, les enfants sentent bien qu'il se passe quelque chose d'inédit. Tous les deux sont un peu agités. Heureusement, les formalités de l'enregistrement et de l'immigration ne posent aucun problème. Même si Romain est officiellement notre enfant depuis trois semaines, nous sommes émus de voir notre petit homme attendre avec nous en salle d'embarquement. Dans quelques heures, j'aurai mon bébé à la maison. Il va dormir dans le petit lit que nous avons acheté pour lui il y a un an, alors qu'il n'était même pas encore né. Je l'attends depuis si longtemps…

Nous voilà à Roissy. Romain va enfin poser le pied – du moins avancer à quatre pattes – sur le sol français. Une nouvelle vie l'attend et nous aussi. Nos valises apparaissent les premières. À 7 heures, nous sommes dans le taxi qui nous conduit vers le Val-de-Marne. Tout le monde est fatigué, mais il faut déjà songer à aller faire des courses, à tester le siège auto, la poussette, le nouveau lit, la chaise haute… Tout le monde est fatigué mais tellement excité.

Romain accepte tous ces changements avec le sourire. Il boude un peu la manie que nous avons en France d'attacher systématiquement les bébés. Au Vietnam, nous avons vu des enfants de son âge se promener à scooter avec leurs parents ! Ici, on les attache sur le siège auto, dans la poussette, dans leur chaise haute. Quelle étrange habitude !

Je vais bien dormir la nuit prochaine, avec mon bébé près de moi.

« C'est doux, la nuit, de regarder le ciel, écrit Antoine de Saint-Exupéry. Toutes les étoiles sont fleuries. »

Peu de temps après notre retour, Damien a offert *Le Petit Prince* à Romain.

Chapitre 12

Dura lex, sed lex

> « Dès lors que la plaignante démontrera que la pathologie dont elle souffre a un lien avec le diéthylstilbestrol, ce sera désormais aux laboratoires de prouver que leur produit n'est pas en cause. »
>
> Maître Martine Verdier,
> le 24 septembre 2010

Je suis un peu perdue. C'est la première fois que je mets les pieds ici. J'ai rendez-vous dans la salle des pas perdus de la Cour de cassation. J'ai pris le métro jusqu'à l'enceinte du palais de justice de Paris, sur l'île de la Cité. Si je foule les marches de cette vénérable institution, c'est que c'est forcément important.

J'ai embrassé mon fils sur le front et j'ai filé. Damien est encore en « congé d'adoption » et s'occupe de Romain à la maison. Il sait que je déteste le laisser et m'a promis de me rejoindre après la sieste. Ce qui se prépare est peut-être capital pour notre cause : la Cour de cassation a pour mission de confirmer ou d'annuler les décisions émanant des tribunaux et cours d'appel. Elle donne son avis sur les questions de droit les plus complexes. C'est la plus haute juridiction française. Et, aujourd'hui, le 24 septembre 2009, elle doit rendre un arrêt important concernant le Distilbène. Je ne pouvais pas ne pas être là. La Cour de cassation doit se prononcer sur le cas de Marie-Élise.

Marie-Élise avait porté plainte contre le laboratoire UCB Pharma. Elle avait gagné et obtenu la somme de 230 000 euros à titre de dédommagement en première instance, mais cette décision a été annulée par la cour d'appel de Versailles en raison de l'absence d'ordonnance d'origine. Après avoir beaucoup hésité, Marie-Élise a porté l'affaire en cassation. Nous nous sommes beaucoup parlé et rapprochées durant cette période. Elle avait peur de dépenser encore beaucoup d'argent et d'énergie pour rien. Je comprenais bien ses hésitations. Finalement, sur les conseils de son avocate, elle a décidé de poursuivre. Pour l'exemple. J'admire sa détermination. Elle s'est battue pour que les magistrats examinent son affaire en séance plénière, publique et en présence des avocats. Maître Verdier est persuadée que le droit va bouger dans le sens des très nombreuses victimes. Une victoire relancerait beaucoup de dossiers et motiverait encore davantage de victimes à porter plainte.

Mon avocate m'appelle régulièrement sur mon portable pour savoir où j'en suis. « Dépêchez-vous, Stéphanie, toute la presse vous attend ! » Faut-il y voir un signe ? J'ai envoyé de très nombreux communiqués pour sensibiliser la presse, et les médias se sont déplacés. Plus que je ne l'avais imaginé, même. La veille, j'ai répondu aux questions de LCI devant le ministère de la Justice. Le matin, avant de partir, j'ai reçu France 3, France 5 et l'AFP à la maison. L'Agence de presse médicale m'appelle tous les quarts d'heure pour pouvoir diffuser sa première dépêche sur le sujet. Tout le monde semble convaincu qu'il va se passer quelque chose…

J'arrive, juste le temps de franchir les barrières de sécurité. À cause de mon téléphone qui n'arrête pas de sonner, un des agents menace de m'interdire l'accès. Je lui expliquerais bien l'enjeu, mais ma poche vibre à nouveau. Le nom de Martine Verdier s'affiche encore sur mon portable. « C'est bon, j'ai récupéré l'arrêt au greffe ! C'est gagné pour Marie-Élise ! » Elle m'explique que la Cour de cassation a cassé le jugement précédent : elle établit maintenant qu'il appartient à chacun des laboratoires de prouver que son produit *n'est pas* à l'origine du dommage. En droit, on appelle cela un « renversement de la charge de la preuve ». C'est exactement la décision que nous attendions !

Quand j'arrive, une nuée de journalistes est sur le pont. *Libération*, *Le Monde*, l'AFP, Reuters, BFM : tout le monde guette nos réactions. Martine Verdier, qui représente à présent environ 150 victimes du Distilbène, a commencé à répondre aux interviews. Elle explique que « c'est un renversement de la charge de la preuve extrêmement important, car les jeunes femmes n'auront plus à faire la preuve de la spécialité à laquelle elles ont été exposées ». Elle précise que, « dès lors que la plaignante démontrera que la pathologie dont elle souffre a un lien avec le diéthylstilbestrol, ce sera désormais aux laboratoires de prouver que leur produit n'est pas en cause ».

En relisant la revue de presse de l'époque, j'ai retrouvé quelques-unes de mes déclarations qui ont été publiées. « C'est une porte ouverte pour toutes les victimes de ce médicament hypertoxique, reprend *Le Figaro*. La plupart des femmes n'ont en effet pas conservé des ordonnances vieilles de plusieurs dizaines d'années et, de surcroît, délivrées à leurs mères. » Je suis très heureuse pour Marie-Élise et pour toutes les autres victimes. Moi y compris : mon procès, après plusieurs obstacles, se présente bien grâce à cette jurisprudence.

Pendant que je réponds aux interviews, j'entends le rire de mon fils dans sa poussette résonner dans le Palais de justice. Romain, qui s'est réveillé de sa sieste, arrive avec Damien et commence à babiller au milieu des micros. De temps à autre, il s'amuse à faire retentir de petits cris, de plus en plus aigus. Son arrivée me détend. Je suis heureuse et fière qu'ils soient là tous les deux. Surtout que nous allons passer plus de trois heures sur place. Une journaliste du *Monde* attend que la foule se soit dispersée pour me voir. Elle voudrait me consacrer un portrait. Je ne sais plus trop où donner de la tête, mais une chose est sûre : tous nos efforts commencent à payer. On est enfin prêt à entendre la douleur des victimes.

En quittant le Palais de justice, nous nous arrêtons un moment avec Martine Verdier. Je parcours attentivement l'arrêt alors que nos deux téléphones continuent de s'époumoner. Les médias qui n'ont pu se déplacer sollicitent à leur tour une réaction, et les radios préparent des sujets pour les matinales du lendemain. Même si c'est très technique, je commence à maîtriser certains termes juridiques. « En se déterminant ainsi, après avoir constaté que le DES avait bien été la cause directe de la pathologie tumorale, conclut l'arrêt, partant que Mme Y. avait été exposée *in utero* à la molécule litigieuse, de sorte qu'il appartenait alors à chacun des laboratoires de prouver que son produit n'était pas à l'origine du dommage, la cour d'appel a violé les textes susvisés. » L'affaire sera donc rejugée par la cour d'appel de Paris, qui fixera le montant des dommages et intérêts.

Virginie, la sœur d'une autre victime, nous a rejoints. Malgré ma joie, je suis un peu triste pour elle. Je connais bien cette militante active et déterminée. Elle aussi attendait un arrêt de la Cour de cassation aujourd'hui. Pour sa sœur, Pascaline, qui a contracté un cancer de l'utérus à l'âge de 23 ans. Malgré les multiples caractéristiques liées au DES que Pascaline présente, son dossier est un peu plus complexe : sa sœur n'a jamais retrouvé les ordonnances, et surtout aucun tribunal n'a ordonné d'expertise dans son cas. Virginie se doutait que ce serait compliqué, mais elle garde quand même espoir. Certains dossiers sont un peu plus délicats à gagner que d'autres, je le sais bien. Au moins, Virginie ne se laisse pas abattre. Elle est ravie de l'arrêt rendu aujourd'hui et ne renoncera pas à se battre avec nous. Elle est consciente que cette journée reste capitale.

Je n'ai relevé qu'une déclaration de la part des laboratoires dans la presse. « Il s'agit de deux arrêts contradictoires, s'étonne le directeur général d'UCB Pharma, interrogé par *Le Monde*, le 24 septembre 2009. L'un confirme que le plaignant doit apporter la preuve de l'origine du dommage, l'autre renverse la charge de la preuve. Il faudra retourner en appel.» Il joue sur les mots. L'association Les Filles DES apportera quelques précisions dans son communiqué et sur son site. «La Cour de cassation a cassé l'arrêt de la cour d'appel de Versailles relatif à Marie-Élise, expliquons-nous. Dans cet arrêt, la Cour de cassation précise qu'il appartient désormais aux laboratoires de prouver que la victime n'a pas été exposée à leur produit. C'est le renversement de la charge de la preuve que nous appelions de tous nos vœux, une évolution très importante au niveau du droit français, une vraie victoire significative. Les victimes par cette décision n'ont plus à présenter l'ordonnance d'origine. Cependant, il appartient aux experts médicaux mandatés par la justice de préciser si les plaignants ont été exposés ou non au DES.»

Le vent tourne, oui. Enfin. Le journal *Le Monde* consacre même son éditorial du 26 septembre au Distilbène. Le quotidien compare cette affaire à celle du sang contaminé, à celle de l'hormone de croissance et à celle de l'amiante. «Comme toutes les affaires de santé publique qui, d'une manière ou d'une autre, ont fini par arriver devant la justice ces dernières années, celle du Distilbène est aussi longue que douloureuse.» Le journal se félicite de cet arrêt, grâce auquel les «filles DES» n'auront plus à prouver la marque du médicament prescrit à leur mère, et constate une reconnaissance croissante des victimes. «Peu à peu, le fossé jusque-là infranchissable entre la justice et les victimes commence donc à se combler. Même si la lenteur et la complexité des procédures peuvent sembler désespérantes, le monde médical, pharmaceutique ou médico-administratif n'apparaît plus totalement à l'abri de condamnations civiles, voire pénales. » J'ai relu cet éditorial plusieurs fois en me frottant les yeux.

*

Sur les 160 000 victimes estimées, environ 150 ont entamé une procédure auprès de maître Verdier. C'est à la fois beaucoup et très peu au regard du nombre de personnes potentiellement touchées. Si d'autres avocats ont accepté des dossiers similaires, peu, apparemment, se sont manifestés auprès de mon avocate, pourtant spécialiste du sujet. Je me suis souvent demandé ce qui empêchait la plupart des victimes d'engager une procédure. Pour en savoir un peu plus, nous avons lancé un sondage, en 2009, sur le site des Filles DES. Nous avons reçu plus de 200 réponses en vingt-quatre heures, signe que c'est un sujet sensible. Après analyse des réponses, il s'avère que 4 % seulement des victimes qui ont répondu ont déjà lancé une procédure ; 25 % d'entre elles, pourtant, affirment détenir une preuve écrite (ordonnance d'origine, attestation ou dossier médical) confirmant leur exposition au DES. Celles qui n'ont pas porté plainte donnent une ou plusieurs raisons : 54 % affirment ne pas avoir de preuve écrite, 32 % invoquent des raisons financières, 31 % redoutent une épreuve psychologique trop forte et 28 % veulent « tourner la page ».

Je suis un peu partagée en analysant ces chiffres. Si je conçois aisément qu'un tiers des victimes refusent de porter plainte pour des raisons psychologiques, je me demande aussi si elles savent exactement en quoi consiste une procédure. Leur a-t-on dit, par exemple, qu'elles ne sont pas tenues d'assister aux audiences ou que l'« expertise » demandée par les tribunaux n'a rien de traumatisant ? En relisant ce sondage, je comprends qu'il y a encore beaucoup d'idées reçues sur ces questions et que beaucoup de victimes manquent encore cruellement d'information. De même, plus d'une victime sur deux prétend n'avoir aucune preuve écrite de son exposition au DES. Mais ces femmes savent-elles que, en l'absence des ordonnances d'origine, beaucoup d'autres documents sont recevables, comme des attestations de médecins ou d'autres extraits de dossiers médicaux qui suggèrent une exposition au DES ?

Je mesure l'ampleur du manque d'information à l'aune des messages qui me sont envoyés. Dans les jours qui ont suivi l'arrêt de cassation de septembre, j'ai reçu des centaines d'e-mails, souvent très émouvants, auxquels j'ai répondu. Beaucoup de ces interlocuteurs me tutoient d'emblée, car ils ont l'impression de me connaître. Certains ont lu mon portrait publié dans *Le Monde*. L'article, intitulé « Après le combat médical, Stéphanie mène une guerre judiciaire », revient sur mon histoire et la procédure en cours que je ne veux pas lâcher. Il est illustré d'une photo de moi où je me trouve un air bien solennel. Je me souviens que le photographe m'avait demandé de fixer une des colonnes du Palais de justice. À quoi pensais-je, précisément, à cet instant ? Je l'ignore. C'est toujours surprenant, ce que révèle une photo. Et je reconnais que celle-là colle bien, malgré tout, à la gravité de mon propos.

*

Désormais, je profite de ce bonheur pour lequel je me suis tant battue. Je partage mon temps entre Romain et mon association. En rentrant du Vietnam, j'ai demandé à l'Éducation nationale un congé parental pour profiter de ce fils dont je m'émerveille davantage chaque jour.

C'est le plus bel enfant du monde, le plus adorable, qui fait la joie de ses deux parents. Avec lui, je passe du rire aux larmes. Quelle émotion quand pour la première fois il prononce « maman » : il ne dit pas « maman », en fait, mais « ma maman ». Son père, forcément, a fondu quand son bébé a choisi la Saint-Damien, le 26 septembre, pour faire ses premiers pas. On venait de déjeuner avec Jessica et Frédéric, les parents de Maëlys. On ne les avait pas revus depuis le Vietnam, et les enfants étaient ravis de se retrouver. Je crois que Romain s'est mis à marcher grâce à Maëlys. Il la voyait courir partout. Résultat, deux heures plus tard, il marchait à son tour dans le jardin. Il avait bien enregistré les mouvements de Maëlys.

J'apprends à profiter de moments simples et qui n'ont pas de prix : prendre le temps de lire à Romain, pour la cinquième fois de suite, le même livre à 7 heures du matin, entendre les rires de mon petit garçon chatouilleux dès que j'essaie de l'habiller, jouer au ballon, aller au parc ou dans les jardins… J'aime le bazar qu'il met dans l'appartement. Anaëlle lui a offert une boîte entière de petites balles en plastique qu'il sème partout, comme le reste de ses jouets d'ailleurs. Barbapapa et Tchoupi sont mes nouveaux amis. Je passe une bonne partie de la journée à jouer. Romain s'est même pris d'affection pour Mary, la chatte de la famille. Après s'être un peu méfiée, au début, elle le laisse lui faire des câlins à présent. Je m'entends rire toute seule quand il essaie de lui prêter sa tétine. Mon fils a pris le pouvoir et je cède volontiers. Peu importe si je ne sais plus à quoi ressemble une grasse matinée, le bonheur de l'avoir avec moi me transporte à chaque instant.

Son premier Noël – et son premier sapin – est arrivé. Il s'extasie devant les guirlandes lumineuses et réclame, dès le petit matin, qu'on les allume. Il découvre aussi la musique grâce à un livre de comptines que je lui ai offert. Il tape dans ses mains à chaque chanson et ne se lasse bien sûr jamais… Il apprécie tellement son livre que son père a été obligé de bloquer le son au minimum pour nous épargner, dès l'aube, un réveil trop mélodieux !

Le 24 décembre au soir, il est resté debout, dans sa petite tenue de lutin de Noël, pour ouvrir ses cadeaux avec ses grands cousins à minuit. Pas question de dormir pendant que les autres s'amusent ! Cette année-là, il reçoit, entre autres, un tractopelle, un garage, des voitures et un volant pour enfant. Il a aussi une chaise et un petit bureau pour ses futurs coloriages. Sa grande sœur, elle, lui a offert un bavoir « Père Noël » qui s'illumine.

Romain adore quand Anaëlle arrive pour les vacances. Lorsqu'il l'aperçoit par la fenêtre du train en provenance de Brest, il éclate de rire. Quand nous arrivons à la maison, il lui montre son lit. Et il profite de sa présence pour lui faire faire tout ce qu'il veut ! Sa sœur délaisse volontiers ses propres activités pour jouer avec Romain à des jeux de son âge. Malgré ses 13 ans, elle aussi se découvre une passion nouvelle pour Tchoupi. Anaëlle est très heureuse quand on la laisse conduire la poussette. Parfois, elle le laisse monter sur sa trottinette, qu'elle tient fermement pour qu'il ne tombe pas. Ils sont incroyablement touchants tous les deux. Elle aussi aura attendu longtemps avant d'avoir ce petit frère. Maintenant, comme nous, elle veut en profiter au maximum.

*

Et ma procédure dans tout ça ? J'y pense, j'y pense. Elle a déjà pris tellement de retard que je ne suis plus à un mois près. J'attends des nouvelles de mon avocate, qui est, je le sais, très occupée. Mais elle ne m'a pas oubliée.

Elle m'appelle le 28 janvier 2010 alors que je ne m'y attendais pas. Le téléphone a sonné vers 21 heures. Pourquoi mon avocate m'appelle-t-elle à cette heure ? Elle a de très bonnes raisons : « Stéphanie, j'ai d'excellentes nouvelles pour vous. » Elle évoque alors une affaire qui me concerne indirectement. Elle m'explique que la Cour de cassation a rendu un nouvel arrêt, ce 28 janvier, confirmant le renversement de la charge de la preuve au profit d'une autre victime, mais cette fois-ci dans le cas d'une femme souffrant de malformations, conséquences de son exposition à la molécule. Une femme comme moi ! Tout ce que je sais d'elle est qu'elle s'appelle Sophie. Elle est née en 1970, en plein pic de l'administration du médicament, et affiche une « hypoplasie utérine », c'est-à-dire un petit utérus, et une stérilité caractéristiques d'une exposition au DES. Nos histoires sont vraiment semblables.

Cette décision est une victoire majeure pour tous ceux qui se battent depuis de longues années dans le but que toutes les victimes – atteintes de cancers, de stérilité et d'autres malformations plus ou moins sévères – puissent bénéficier d'une indemnisation, évaluée évidemment à la mesure du préjudice subi. Je diffuse immédiatement un communiqué au nom de l'association confirmant que, « quel que soit le type de séquelles, quels que soient les documents dont disposent ces victimes prouvant leur exposition, toutes les victimes peuvent solliciter une indemnisation auprès de la justice ». Cet arrêt met fin à des années de batailles de procédures et ouvre la possibilité au plus grand nombre de victimes du DES, y compris celles souffrant de malformations et de stérilité, de réclamer justice plus sereinement. J'espère que beaucoup d'autres victimes oseront, grâce à cette avancée, se manifester.

Dura lex, sed lex. La loi est dure – pour les laboratoires en l'occurrence –, mais c'est la loi, maintenant !

Cette décision est fondamentale pour toute personne affectée par le DES. En effet, l'arrêt du 24 septembre 2009 portait sur la procédure de Marie-Élise. Or, beaucoup d'autres victimes, dont je fais partie, ont souvent craint d'être oubliées parce qu'elles étaient « juste » stériles ou parce qu'elles avaient « simplement » vécu une ou plusieurs grossesses difficiles. Aujourd'hui, nous sommes toutes rassurées… Même si nous n'avons pas subi le même degré de préjudice, nous sommes toutes considérées, à part entière, comme des victimes de la même molécule. Je suis d'autant plus rassurée que, je le sais, certaines séquelles peuvent se manifester sur le tard. Toutes les femmes qui, comme moi, souffrent d'une malformation utérine restent, à vie, plus sujettes que la moyenne à un risque de cancer de l'utérus.

Une « fille DES » doit se soumettre à un frottis une fois par an, soit deux fois plus souvent qu'une femme lambda. C'est un examen qui revient vite et qui n'est jamais très agréable, surtout quand le résultat peut être aussi grave. Je ne connais pas une « fille DES » qui ne retienne son souffle en attendant le bilan de ses analyses.

Voilà donc à quoi ma vie ressemble en ce moment. J'en profite et je patiente. Je savoure enfin le bonheur d'être mère et de former une famille avec Damien, Romain et Anaëlle. Le reste du temps, je suis toujours investie, plus que jamais même, dans mon association. Je rédige des communiqués, j'organise des réunions d'information et je réponds aux e-mails que je reçois. Quand on me demande où j'en suis, je dis que j'attends toujours une date d'audience. Sans stresser. Ces choses-là prennent du temps, je l'ai bien compris. Suite aux aléas de ma procédure, j'attends encore que mon expertise soit rendue. Peu après, mon affaire sera ensuite plaidée au tribunal de grande instance de Nanterre.

Mon avocate a remis à jour mon dossier pour caler une date d'audience. Prochainement, je l'espère. Alors je patiente. Sereinement.

J'ai déjà gagné le plus dur, c'est-à-dire mon combat pour devenir maman. Maintenant, j'ai confiance en l'avenir…

Chapitre 13

Des « filles Distilbène »

> « Malgré plusieurs fausses couches et une grossesse éprouvante, j'ai quand même eu un enfant. Est-ce que moi aussi je suis une victime ? »
>
> Une femme dans la salle

La pièce réservée au centre d'animation Dunois est une salle aux murs vert pomme, avec une fenêtre qui donne sur le jardin. Elle sert à des cours de yoga en semaine. Pour nous, elle sera parfaite, bien que trop petite. Quelques tapis de sol sont calés contre le mur si besoin. Mais il va nous manquer des chaises. Damien, pragmatique comme toujours, s'en occupe. Il vaut mieux être bien assis avec toutes les questions que l'on doit aborder. Les premiers arrivants me serrent la main et s'installent. Beaucoup ont des chemises cartonnées ou des feuilles noircies de notes sous le bras. Un petit bloc-notes, au minimum. À l'épaisseur de certains dossiers, je devine que certains sont venus avec leur vie entière sous le bras. Nous avons des choses à nous dire.

Cette réunion, annoncée sur le site de l'association, sera consacrée aux procédures judiciaires envisageables par les victimes. À force de recevoir des messages et des appels sur le sujet, j'ai décidé qu'une réunion d'information s'imposait. Martine Verdier est des nôtres. Bien qu'elle ne soit pas l'avocate de l'association, elle est toujours disponible pour donner des renseignements au plus grand nombre. Nous sommes le 20 mars, juste avant le début du printemps. Sa présence est capitale à mes yeux : pour moi, elle reste « la » spécialiste en droit français du DES. Cette réunion est ouverte à tous, adhérents ou pas. J'y tiens. Le bouche à oreille a fonctionné, on dirait. Beaucoup de monde se bouscule déjà au portillon. Essentiellement des victimes, apparemment, qui désirent en savoir plus sur les procédures envisageables aujourd'hui. Elles ont frappé à la bonne porte.

On se présente à ses voisins. Le prénom suffit. Les premiers échanges sont timides. On s'est déjà vues à la dernière réunion, non ? Oui, c'est possible. Le cours de musique voisin couvre nos silences gênés. La plupart des personnes présentes se sont inscrites à cette rencontre sur notre site. Certains m'ont longuement raconté leur histoire, d'autres m'ont seulement demandé de leur confirmer l'adresse du rendez-vous. Je ne connais pas tout le monde. Certains se sont peut-être décidés à la dernière minute. Il y a quelques couples, aussi, et j'ai remarqué deux hommes seuls. Des « fils DES » peut-être, ou des « maris de » ? Je serai fixée pour certains en entendant leurs questions. Je note qu'il n'y a pas d'enfants à part Romain et Théo, le fils de ma copine Isabelle. Deux enfants magnifiques : deux ambassadeurs de notre combat gagné contre la stérilité, en dehors des chemins battus par la médecine.

Isabelle appartient au bureau notre association. Je la connais depuis cinq ans. C'est une fille réservée, comme moi. Pendant longtemps, nous nous sommes investies ensemble, sans trop parler de nos souffrances respectives. Nos langues se sont un peu déliées depuis que nous sommes mamans. Nous avons suivi un parcours assez similaire, tenté la procréation médicalement assistée en même temps et finalement adopté toutes les deux au Vietnam. Aujourd'hui, elle est rayonnante. Je vois bien que, pour elle comme pour moi, une chape de plomb s'est levée. Cependant, comme moi, elle a encore quelques comptes à régler. Elle m'a confié, récemment, qu'elle envisageait de porter plainte à son tour.

Nous attendons maître Verdier pour commencer. Nous avons installé une table et trois chaises au fond de la salle en guise de tribune. Damien s'assoit au centre. Je le laisse volontiers tenir le rôle de maître de séance. Il sait que je suis un peu timide. Parler à des journalistes ou à la télévision ne me pose aucun problème. En revanche, face à une assemblée, j'ai un peu plus de mal. Damien, lui, y a pris goût, je crois, à force de s'impliquer dans la vie de l'association. Les bras croisés, avec une assurance que je lui envie, il présente rapidement l'association, sa démarche, ses statuts, et surtout sa liberté absolue face aux pouvoirs publics, auxquels nous ne demandons aucune subvention.

*

Martine Verdier arrive en pressant le pas et s'installe à la gauche de Damien. Ceux qui ne l'ont jamais vue découvrent une femme très élégante qui a sa manière bien à elle de mettre les gens à l'aise : aujourd'hui elle est venue avec son yorkshire, qu'elle promène souvent dans un grand sac à main. Ceux qui l'ont rencontrée à son cabinet connaissent déjà Poupette, sa petite chienne de 4 ans, sagement assise pendant les consultations. Cette touche ajoute un peu de légèreté à la réunion. J'imagine que, parmi les personnes présentes, nombreuses sont celles qu'intimide l'idée de rencontrer un avocat. Il ne faut pas. Aujourd'hui, c'est promis, chacun pourra poser les questions qu'il veut. « Prévenez-moi juste si je parle trop bas, avertit Martine Verdier. Le week-end, j'ai tendance à m'économiser. Mais je vous écoute... » Qui va se jeter à l'eau en premier ?

Sans surprise, je devine que Laurence, une autre de mes « copines DES », va prendre la parole. Je la connais depuis deux ans, depuis qu'elle m'a contactée *via* le site des Filles DES. Nous avons sympathisé et, rapidement, elle a intégré le bureau de l'association. En privé, elle est très passionnée et virulente quand elle raconte son histoire. Sa mère lui a parlé du Distilbène quand elle était enfant. Elle a vu son premier gynécologue à l'âge de 8 ans et grandi avec l'idée qu'elle aurait certainement des difficultés pour parvenir à porter un enfant. Diagnostic : un col trop court et pas très résistant. Elle a finalement accouché d'un petit Ulysse, à 38 ans, après deux fausses couches et une grossesse éprouvante : repos forcé à partir du troisième mois, cerclage et examens répétés tous les quinze jours. Elle a, malgré toutes les précautions, failli perdre son bébé à six mois et demi. Même si elle hésite à tenter une nouvelle grossesse, elle considère qu'elle appartient aux « mieux loties » d'entre nous. Ça ne l'empêche pas de songer à lancer une procédure judiciaire. « Parce qu'on ne sait pas ce qui peut nous arriver demain », dit-elle justement. Et pour les autres aussi, pour le principe. Elle n'en revient pas que les laboratoires aient pu gagner de l'argent avec une molécule aussi dangereuse. Pour cela, elle voudrait qu'ils « paient ».

«Je fais partie des filles opportunistes depuis la décision de septembre », lance Laurence. Autrement dit, elle est une de ces plaignantes potentielles motivées par la nouvelle jurisprudence plus favorable aux victimes. « Ne vous excusez surtout pas, sourit Martine Verdier. Encore heureux que les dernières victoires motivent davantage de monde à se manifester ! » L'avocate en profite pour résumer tout le chemin accompli en vingt ans. Il était une fois deux jeunes femmes, victimes d'un cancer après avoir été exposées au Distilbène dans le ventre de leur mère. Qui déposèrent plainte contre les laboratoires au début des années 1990. Qui attendirent 2002 pour que le laboratoire UCB Pharma soit condamné. Décision confirmée en appel en 2004. Puis définitivement en cassation en 2006. « Dans l'affaire du DES, il vaut mieux se dire qu'on va systématiquement au dernier stade, c'est-à-dire la "Cour suprême", prévient Martine Verdier, puisque la plupart du temps les laboratoires discutent tout. »

L'avocate ne veut pas nous mentir : ce sont des parcours juridiques longs. Deux ans au minimum, dans un premier temps, sous réserve qu'il n'y ait pas d'appel. Jusqu'à dix ans si l'affaire est portée devant la Cour de cassation. Mais nombre d'obstacles ont été levés depuis vingt ans grâce aux premières procédures. Comme elle dit : « Ces dernières années, il s'est passé beaucoup de choses… » Entre-temps, davantage de victimes ont engagé des démarches et fait reconnaître d'autres pathologies en lien avec des problèmes de fertilité ; on peut plus facilement lancer une procédure même si on ne souffre pas d'un cancer. Depuis l'arrêt de septembre 2009, la Cour de cassation a aussi fait évoluer le droit en renversant le « fardeau de la preuve ». À partir du moment où on prouve qu'on souffre d'une pathologie en lien avec le DES, la justice n'oblige plus les jeunes femmes à déterrer des ordonnances vieilles de plus de trente ans pour accuser nommément un produit : maintenant, c'est aux laboratoires de prouver que leur produit n'est pas en cause, sinon ils seront condamnés solidairement.

C'est justement l'arrêt dont parle Laurence. Selon l'avocate, elle a toutes les raisons d'être motivée. « On commence à reconnaître que le DES est un problème de santé publique, résume Martine Verdier. On reconnaît une pathologie et ça suffit. C'est un parcours juridique long et difficile, mais pour l'instant c'est un parcours favorable aux jeunes femmes victimes du DES, surtout au tribunal de Nanterre, devenu, à force, une juridiction spécialisée dans ce domaine. Plus vous serez nombreux à engager des démarches, plus les avocats feront bouger la règle de droit. »

Combien seront prêtes à foncer parmi les 160 000 victimes françaises ? Je ne sais pas. C'est compliqué pour tout le monde.

Une femme que je n'avais jamais vue lève la main. Elle ne donne pas son nom et précise juste qu'elle n'a jamais pu avoir d'enfants. Elle ne sait pas par où commencer. Sa mère se souvient d'avoir pris du Distilbène, mais son gynécologue de l'époque est décédé. Elle n'a pas retrouvé d'ordonnance. « La Cour de cassation a introduit la possibilité de ne pas avoir de document, répète maître Verdier. On identifie souvent le produit par la mère. Elle dira souvent "J'ai pris du Distilbène" ou "J'ai pris du Stilbœstrol". C'est un bon début. Cela dit, il faut quand même avoir un dossier médical suffisamment étayé pour pouvoir faire le lien. À défaut d'identifier un produit, il faut faire la preuve de la pathologie. Si vous n'avez pas de trace écrite du médicament, c'est votre corps, par le biais des médecins, qui vont le "lire" et établir le lien avec le DES. Si vous avez cela, je dirais qu'on est sûrs de gagner, à condition d'être prêts à se battre. »

Je reconnais la tête rousse qui se dresse au dernier rang. C'est mon amie Hélène. J'apprécie qu'elle soit venue, juste pour soutenir les autres. « Moi, je voudrais dire à celles qui hésitent à entamer une procédure de commencer par préparer leur dossier. Plus le temps passe, plus c'est difficile, mais il y a des miracles qui se produisent. » Je me souviens des petites fiches du dossier médical de sa mère qu'Hélène avait elle-même réussi à exhumer de la cave poussiéreuse d'une clinique de province. Le mot « Distilbène » écrit noir sur blanc de la plus belle plume du gynécologue. Elle sait de quoi elle parle. « Si vous en avez l'occasion, poursuit-elle, je vous suggère de vous déplacer. Maintenant, dans la plupart des hôpitaux, il y a du personnel chargé des relations avec les usagers. » Conseil d'amie.

La discussion est vraiment lancée à présent. Quelques questions très techniques commencent à fuser. Damien et moi en saisissons quelques-unes au vol.

« À partir de quand suis-je engagé avec un avocat ? » À partir du moment où vous avez accepté et signé la convention d'honoraires que l'avocat vous aura adressée en retour, après examen de votre dossier. Nous en profitons pour signaler, appuyés par maître Verdier, que chacun reste libre de consulter l'avocat de son choix. Voire d'en consulter plusieurs, avant de trouver celui, selon son dossier et ses affinités, avec lequel on se sentira le plus en confiance pour lancer une procédure.

« Et combien ça peut coûter en tout ? » Pour la procédure complète, il faut prévoir entre 4000 et 5000 euros étalés sur plusieurs années, et un peu plus si la procédure va en appel et en cassation. Il faut également savoir qu'au début de la procédure, au bout de six à huit mois, l'avocat demandera une prise en charge de ces frais par la partie adverse, que le plaignant remboursera seulement s'il perd ou si l'affaire est abandonnée. Beaucoup ignorent aussi que certaines assurances peuvent couvrir une partie des coûts. On oublie souvent que son contrat multirisque habitation comporte une couverture juridique qui, parfois, s'applique à ce type de procédure. Cela vaut la peine de vérifier : je connais une fille qui a financé la moitié de sa convention d'honoraires grâce à cette assurance.

Une femme inquiète se demande si l'avocate a déjà perdu des affaires. Quelques-unes, forcément, Martine Verdier en convient. Mais de moins en moins. Et ce sont généralement des affaires, explique-t-elle, qui se sont arrêtées en cours de procédure parce que les expertises émettaient certaines hypothèses qui excluaient le DES. Il arrive qu'on ne parvienne pas toujours à ériger le DES en « suspect numéro un » d'une pathologie…

« Existe-t-il un délai de prescription ? » Oui, mais il est un peu subtil dans le cas du DES. Le délai, en matière de procédure civile, est de dix ans. Mais ce délai démarre à compter de la date de « consolidation » de la situation du plaignant. Dans le cas de situations médicales évolutives, il s'agit d'une notion complexe, qui nécessite l'analyse d'un avocat. En tout cas, mieux vaut ne pas laisser traîner les choses : il existe pour chaque victime une date après laquelle elle ne pourra plus prétendre à condamner quiconque ou à percevoir une indemnisation.

« Est-ce très prenant en temps d'engager des démarches ? » Oui, au début, puis non. C'est Damien qui a pris la parole. Il faut s'investir un peu dans les commencements de la procédure pour retrouver le maximum de documents. Pour le reste, c'est l'avocat qui travaille. Il n'est même pas nécessaire de se déplacer aux audiences. Si vous vous déplacez, les magistrats ne vous poseront aucune question, mais ils mettront un visage sur un nom. Par la même occasion, vous entendrez aussi les avocats des laboratoires émettre quelques doutes sur votre histoire. Il vaut mieux être prévenu.

« L'expertise est-elle douloureuse ? » Attention aux malentendus, et gare à ne pas être effrayé par ce terme. Cette expertise se résume pour 90 % à une discussion avec des experts sur votre parcours afin qu'ils puissent noter votre préjudice. Cet entretien peut se terminer par un examen gynécologique, certes, mais très succinct.

« Pourquoi ne peut-on pas attaquer les laboratoires tous ensemble ? » Parce que les principes du droit français ne permettent pas d'engager de procédures collectives comme les *class actions* aux États-Unis. Chaque procédure est donc individuelle et fait l'objet d'un examen particulier. La seule solution alternative reste de « lancer » le plus de procédures possible en même temps pour créer un effet de masse et sensibiliser les tribunaux à ce problème de santé publique…

Les questions sont nombreuses, et nous prenons le temps de répondre à chacune. Beaucoup s'interrogent sur le montant des indemnisations envisageables. Entre 20 000 euros, le minimum en général, et 2 millions d'euros dans un dossier particulièrement lourd, la fourchette des décisions rendues est très large. Autant que la nature des dommages constatés : Martine Verdier répète qu'« il vaut mieux avoir une petite indemnisation et un petit dommage ». Il est évident que les affaires de cancers sont objectivement les plus graves. Les cas de handicaps aussi, qui concernent des enfants nés grands prématurés, comme le fils d'Hélène. Ce qui n'empêche pas d'autres histoires de se révéler tout aussi douloureuses. On peut évidemment engager une procédure si on n'arrive pas à avoir d'enfants, comme moi. C'est un cas classique, dans lequel le tribunal devra évaluer les souffrances physiques et psychologiques du plaignant, ainsi que les frais médicaux engagés en procréation médicalement assistée ou pour une adoption à l'étranger.

« Même si, comme moi, malgré plusieurs fausses couches, on a quand même eu un enfant ? » intervient une jeune femme venue seule. « Certes ma grossesse a été éprouvante, mais j'ai quand même de la chance. Est-ce que moi aussi je suis une victime ? » Je suis habituée à ce genre de question. Je ne compte plus le nombre de victimes qui s'« excusent » presque de s'en sortir un peu mieux que les autres. Je lui réponds qu'elle a peut-être échappé au cancer ou à la stérilité, mais pas au stress ni à la douleur. « J'imagine que, comme moi, vous devez faire un frottis angoissant chaque année ? » Elle acquiesce. Je devine aussi qu'elle n'a pas profité pleinement de son congé maternité, qu'elle a passé couchée avec son lot de stress et d'angoisses.

Avant le bonheur d'une naissance, certaines auront vécu l'épreuve d'une ou plusieurs fausses couches ou d'un bébé mort prématurément. D'autres n'y arrivent jamais. S'ensuivent des souffrances psychologiques, des difficultés familiales, des divorces, parfois… Autant d'éléments qui constituent des préjudices aux yeux de la justice. « Il n'y a pas de demi-victime, insiste l'avocate. Ce qui distingue les victimes, c'est l'ampleur du préjudice subi. » On devine que, si cette jeune femme est venue, c'est qu'elle a quelque chose à régler. « L'important, dans une procédure, c'est aussi la motivation qu'on y met, intervient Damien. Pour engager une procédure aussi longue, il ne faut pas compter que sur une éventuelle indemnisation. Je crois qu'il faut aussi en faire une question de principe. Vouloir faire reconnaître la responsabilité des laboratoires dans sa souffrance et celle des autres. »

Maître Verdier évoque le cas d'une de ses clientes, « fille DES », maman et en pleine procédure. « Si elle a un problème ou un cancer plus tard, elle veut qu'un tribunal ait statué qu'elle a été exposée au diéthylstilbestrol. Et si jamais sa fille avait le moindre problème, puisque personne n'est sûr à 100 % que la troisième génération sera totalement épargnée par la molécule, elle souhaite lui donner la possibilité de se défendre. »

De mon côté, je pourrais aussi citer le cas de cette « fille DES » qui, quand elle a retrouvé les ordonnances d'origine, a reçu une proposition du laboratoire Novartis. Un règlement à l'amiable assorti d'un dédommagement non négligeable. Je me souviens qu'elle a beaucoup hésité car cette condamnation devant un tribunal, elle en avait aussi besoin. Je comprends toutes ces femmes. Que savons-nous sur les effets du DES aujourd'hui ? Quelles conséquences pour les victimes dans les années à venir ? Sur leurs enfants ? Mais j'en connais aussi d'autres qui préfèrent tourner la page et essayer d'oublier leurs souffrances. À chacun sa démarche.

Au bout de deux heures, les langues se sont complètement déliées. En écoutant les questions, on entrevoit des histoires compliquées. Une « fille Distilbène », par exemple, qui craint de ne pas être prise au sérieux parce que son mari a des soucis de fertilité. « Reste que, à cause du DES, vous avez moins de chances de concevoir un enfant », recadre Martine Verdier. Une autre femme, qui n'a pas voulu adopter, a peur qu'on lui rétorque qu'elle ne voulait peut-être pas d'enfants de toute façon, ou pas assez fort... « C'est votre droit, rassure l'avocate. Personne n'est obligé d'aller au bout d'un protocole long et parfois onéreux comme l'adoption. » Une troisième a fait une dépression après avoir perdu un bébé à six mois et demi de grossesse et affirme qu'on l'a ensuite interdite de procréation médicalement assistée à cause de ses « problèmes psychologiques ». Et cette dernière encore qui a essuyé la colère de son médecin quand elle a envisagé de porter plainte. « Il m'a dit d'arrêter d'y penser, car je devais déjà m'estimer heureuse d'avoir eu deux enfants biologiques. » Sans commentaire.

Un homme prend la parole. Je n'ai pas l'impression qu'il soit venu accompagné. Ce n'est pas un « fils DES » mais un mari. Il parle de faire indemniser ses enfants, pour leur avenir, « au cas où »... Nous avons tous compris sa situation. « C'est un principe de droit pur, tente de rassurer l'avocate. À partir du moment où on engage une action, où la personne concernée par la pathologie risque de mourir, on est dans le cadre d'une indemnisation pour les ayants droit. Le simple fait d'avoir une maman hospitalisée souvent est un préjudice qu'on peut faire réparer. »

Une femme, à côté de lui, intervient. Elle est plus âgée. Très remontée. Elle se présente comme une « mère DES ». Le témoignage qu'elle vient d'entendre l'a ébranlée. « J'ai pris du Distilbène alors que j'attendais ma fille, née en 1973. Elle vit actuellement au Québec, où les médecins sont atterrés par son dossier médical. Ils ne comprennent pas comment une "fille DES" a pu naître en France alors que le médicament était interdit depuis deux ans déjà en Amérique du Nord ! »

Si certaines victimes sont entrées dans la salle en hésitant à porter plainte pour elles-mêmes, beaucoup la quitteront avec l'envie farouche de se lancer, au moins pour les autres. Nous sommes tous rassurés d'apprendre que beaucoup, parmi les personnes présentes, ont quand même retrouvé des preuves tangibles de leur exposition au DES.

Une femme a déniché dans les archives de sa mère une ordonnance, datant de l'année de sa naissance, avec un dosage précis de Distilbène. J'ai même entendu deux personnes applaudir pendant son récit, comme si elle révélait avoir gagné au Loto ! Une autre, faute de mettre la main sur le dossier médical de sa mère, a réussi à récupérer l'ordonnancier de l'ancienne pharmacie où elle se fournissait et où figurent son nom et celui du médicament. Pas mal non plus ! Suite à une grossesse compliquée, une dernière s'interroge, après avoir trouvé une ordonnance antérieure de deux ans à sa naissance. « Il faudra faire des liens, car il est courant que la mère ne garde pas la bonne ordonnance, analyse maître Verdier. Si elle a eu le même médecin et les mêmes symptômes pendant plusieurs années, on peut raisonnablement penser qu'elle a continué à en prendre. Et si vous avez une pathologie propre au DES, c'est un autre signe. » C'est donc positif.

*

La réunion s'est achevée trois bonnes heures plus tard de façon un peu plus informelle, autour d'un verre. Des groupes se sont formés assez naturellement. Certains ont approfondi leur récit, échangé leurs numéros de téléphone. Ce sont toujours de jolis moments. En me voyant prendre Romain dans mes bras, quelques filles ont sollicité des renseignements sur l'adoption que je leur ai volontiers donnés.

Laurence et Isabelle, mes copines de l'association, semblent convaincues également. Elles aimeraient faire bouger les choses. J'en ai profité pour leur raconter, à elles et à quelques autres, que j'écrivais ce livre. Leurs encouragements m'ont touchée. Une de mes amies m'a conjuré de me dépêcher : « Parce qu'on manque terriblement d'ouvrages et de témoignages sur le sujet. » Je sais bien.

Il est peut-être temps de conclure…

Chapitre 14

Mon combat continue…

> « Madame la ministre a pris connaissance de votre correspondance avec la plus grande attention. Toutefois, les contraintes de son emploi du temps ne lui permettent pas de vous rencontrer dans l'immédiat, ce qu'elle regrette vivement. »
>
> Courrier du chef de cabinet de Roselyne Bachelot, ministre de la Santé

Personne ne sait écrire « diéthylstilbestrol ». Il n'y a pas si longtemps, pas grand monde n'avait entendu parler de cette molécule toxique. Moi la première. Un jour, pourtant, le « DES » s'est invité dans ma vie. C'est ma mère qui en a pris, avant ma naissance, en 1974. Il n'était pas encore interdit en France. Malgré les études alarmantes, malgré son interdiction dans de nombreux pays étrangers, deux laboratoires ont continué à en vendre chez nous jusqu'en 1977 sous les noms de « Distilbène » et « Stilbœstrol ». Ce « médicament miracle » devait permettre aux femmes d'éviter une fausse couche. En fait, il n'a rien fait du tout. Ou plutôt si : beaucoup de mal. Il a occasionné de graves malformations génitales chez les enfants de ces femmes. Parfois même des cancers. Certaines victimes en sont mortes.

J'ai d'abord écrit ce livre pour elles, pour nous, pour mémoire. Pour dénoncer, à ma modeste façon, un problème de santé publique encore trop méconnu. Ce médicament toxique a été prescrit massivement aux femmes pendant leur grossesse depuis les années 1950 jusqu'en 1977. Ce n'est pas rien : en France, autour de 160 000 enfants, aujourd'hui en âge de devenir parents, ont été affectés par cette molécule dans le ventre de leur mère. Statistiquement, personne n'y échappe : les garçons sont concernés aussi bien que les filles, même si les séquelles sont moins visibles et encore taboues chez les hommes. Presque tout le monde connaît une « fille Distilbène » dans son entourage. C'est une femme, en général, qui a du mal à concevoir un bébé. Parfois, elle se présentera spontanément comme une « fille DES » au détour d'une confidence. Mais il arrive aussi qu'elle ignore encore que sa mère a pris cette molécule pendant sa grossesse. Que tout vient de là.

Pour moi, c'est un véritable scandale que je classe au rang du sang contaminé, de l'amiante ou encore de l'hormone de croissance. On en a pourtant beaucoup moins parlé. Pourquoi ? Si j'étais cynique, je dirais qu'on ne meurt pas assez du Distilbène... Cela arrive toutefois. Je connais des victimes qui sont décédées à cause de cette molécule. Statistiquement, les « filles DES » risquent davantage de développer un cancer de l'utérus que n'importe quelle autre femme. Au cas où je l'oublierais, ma gynécologue se charge bien de me le rappeler en me soumettant à un frottis une fois par an, alors que mes copines peuvent tranquillement attendre deux ou trois ans. Il m'est interdit de faire abstraction de mon exposition au Distilbène. De ne pas guetter la moindre tumeur, au cas où. Je suis condamnée à vivre avec.

Trop longtemps, nous avons souffert en silence. La plupart continuent de vivre, bien sûr. Ou plutôt de survivre, souvent. Certaines réussiront à concevoir un enfant, au prix, souvent, d'une grossesse éprouvante. D'autres, comme moi, privées d'un utérus fonctionnel, devront « faire le deuil de l'enfant biologique » à cause de séquelles trop graves. Tout le monde ne réussit pas à adopter, je suis bien placée pour le savoir. Moi-même, j'ignore comment j'aurais réagi si mes démarches avaient échoué. Imaginer ma vie sans mon petit Romain ? Je ne veux même pas y penser. Il y a des filles qui ne seront jamais mamans et qui ne s'en relèveront pas. Je les comprends. Parfois, il faut faire une croix sur l'idée d'une famille tout court. Certains couples n'y résistent pas non plus. Aux séquelles physiques s'ajoute une dimension psychologique trop souvent ignorée. On mesure encore mal l'ampleur de tous les effets secondaires de cette molécule toxique…

*

J'ai écrit ce livre pour laisser une trace et raconter la partie de ma vie qu'on m'a volée. Je n'invente rien ; depuis que je suis petite, je consigne tout ce que je vis dans des carnets. Parce que c'est plus facile de coucher ses souffrances intimes sur du papier que d'en parler. Parce qu'il n'est pas inscrit que je suis une « fille Distilbène » sur mon front mais dans mon bas-ventre, dans mon intimité. Je connais peu de femmes qui aiment porter ces choses-là sur la place publique.

Je n'ai jamais rêvé d'écrire un livre sur mon utérus, non. Dans la vie, je suis une fille plutôt réservée et pudique. J'ai dû me faire violence pour évoquer certains souvenirs, employer certains mots, dévoiler une part de mon intimité. Et pourtant il faut oser parler de ces choses-là, parfois… Je l'ai fait parce qu'il le fallait, pour moi comme pour les autres. Même si je suis devenue mère par d'autres moyens, je ne veux rien oublier. Ce médicament m'a privée d'une grossesse, longtemps un de mes rêves les plus chers. Je ne compte plus les traitements et autres interventions chirurgicales douloureuses auxquels je me suis prêtée dans l'espoir de réparer mon utérus et de porter un enfant. Même si j'ai eu la joie d'adopter un petit garçon, le DES m'a sans doute privée de ma carte « Famille nombreuse ». J'aurais adoré élever trois enfants, au moins ! Or, pour donner un petit frère ou une petite sœur à Romain, je n'ai pas d'autre solution que de postuler auprès d'organismes agréés pour l'adoption. Moi, pour devenir maman, je dois noircir des dossiers.

Ce n'est pas l'existence dont j'avais rêvé. Car en me privant d'une grossesse et d'une vie de femme normale le DES m'a aussi isolée, pendant des années, des autres filles de mon âge. À l'adolescence, on est différente si on n'a pas ses règles. Plus tard, la stérilité est une difficulté qui enferme. On n'est pas comme les autres. Aurais-je pu m'épanouir dans mon travail ? Peut-être, mais il aurait fallu renoncer à faire un enfant. Car en essayant de me soigner ou de concevoir un enfant je me suis imposé de lourds traitements synonymes d'arrêts de travail fréquents. Mes employeurs ont tous plus ou moins bien toléré la situation. Mais l'un d'eux m'a quand même licenciée… Oui, le Distilbène a changé ma vie, et pas en bien. On comprendra aisément qu'à cause de cette histoire je sois devenue méfiante envers la médecine. Je réfléchis toujours à deux fois avant de prendre un cachet.

C'est plus fort que moi : j'ai perdu confiance dans les laboratoires. Comme je ne veux plus absorber n'importe quoi, j'épluche la moindre notice. Et je redouble évidemment de vigilance pour le suivi de mon fils. Nous fuyons les pédiatres qui préconisent des antibiotiques dès le premier éternuement et nous avons finalement opté pour une médecin généraliste homéopathe. De la même manière, chaque vaccin est l'objet d'un débat animé à la maison avec Damien. En rentrant du Vietnam, nous avons mis à jour la vaccination de Romain, mais en réfléchissant particulièrement à la réelle justification de tel ou tel vaccin. Nous ne sommes pas irresponsables, juste un peu plus vigilants que la moyenne, sans doute.

À la fin de l'année 2009, quand la prétendue épidémie meurtrière de grippe A H1N1 a été annoncée, il a fallu trancher. Le ministère de la Santé, qui avait prévu 94 millions de doses de vaccins, a tout fait pour culpabiliser les parents. Avec un petit garçon de 15 mois à la maison, j'ai figuré parmi les premiers à recevoir une convocation au centre de vaccination le plus proche. Des circulaires alarmantes me donnaient l'impression de mettre mon enfant en danger. Je me suis brouillée avec une pédiatre qui me poussait de façon un peu trop véhémente à vacciner Romain contre la grippe A dans les plus brefs délais. Or, dans le même temps, d'autres praticiens étaient beaucoup plus modérés sur la question. J'ai passé des heures à examiner les statistiques de la prétendue « pandémie », étudié la question des adjuvants, consulté d'autres médecins. Finalement je n'ai pas fait vacciner Romain, et je ne crois pas avoir eu tort. À peine 5,3 millions des 94 millions de doses achetées ont été finalement utilisées. Selon l'Institut de veille sanitaire, la grippe A n'a causé que 312 morts en France, un nombre inversement proportionnel à l'ampleur médiatique de la crise.

*

J'espère que les médecins qui m'ont suivie liront ce livre. Quant aux autres, j'espère qu'ils prendront le temps de s'intéresser au vécu d'une « fille DES » pour mieux comprendre leurs patientes. Si j'ai croisé beaucoup de praticiens formidables, d'autres, humainement, n'ont pas toujours été à la hauteur. Néanmoins, pour ma part, je ne leur en veux pas d'avoir prescrit du Distilbène. Certains, plus éclairés ou mieux entourés, ont émis des doutes sur l'efficacité de cette prétendue « molécule miracle » et ont refusé de la prescrire. Quelques-uns parmi ceux qui la prescrivaient se sont ravisés après 1971, quand le médicament a été interdit aux États-Unis. Quant aux autres, ils ont rédigé leurs ordonnances en toute légalité. Je n'en ai jamais voulu au gynécologue de ma mère, qui, quand il m'a reçue, m'a finalement aidée comme il a pu. Lui, je pense, était sincèrement désolé de ce qui m'était arrivé, à moi et à beaucoup d'autres. Bien sûr, tous ne réagissent pas ainsi. Je songe au gynécologue qui a suivi la maman de mon amie Hélène. Complètement dans le déni, il ose avancer qu'aucune de ses patientes traitées au Distilbène n'a jamais eu d'enfants qui auraient développé des problèmes ! Ce n'est malheureusement pas un cas isolé.

Tout le monde aimerait bien enterrer cette question gênante, oublier cet épisode embarrassant pour la médecine. De leur côté, les plus jeunes gynécologues sont peut-être soulagés d'avoir échappé à cette affaire. Qu'ils n'oublient pas pour autant qu'ils risquent de recevoir, pendant quelques années encore, des femmes comme moi exposées au Distilbène. À cause d'un pic de consommation du médicament entre 1965 et 1975, les conséquences du DES vont perdurer au moins jusqu'en 2015 en France. Sans compter les effets secondaires potentiels, que l'on ignore encore, sur la troisième génération.

Le Distilbène reste d'actualité. Depuis vingt ans, les victimes luttent péniblement pour faire valoir leurs droits, leur différence. Il a fallu attendre la loi du 2 décembre 2004, et deux ans de plus pour son application, avant que les « filles DES » puissent bénéficier d'un congé de maternité dès leur premier jour d'arrêt de travail. Le décret qui étend cette mesure aux employés de la fonction publique, lui, n'a été publié que le 1er juillet 2010. Il a fallu tout ce temps pour que les grossesses des femmes exposées au DES soient enfin reconnues par la Caisse nationale d'assurance maladie comme des grossesses à risque. Et encore, beaucoup de gynécologues semblent toujours l'ignorer.

*

J'ai écrit ce livre pour les laboratoires, aussi. J'aimerais qu'ils imaginent, ne serait-ce qu'un peu, ce que c'est que de vivre avec leur poison, eux qui affrontent leurs victimes à coups de procédures. Le temps et l'argent jouent bien souvent en leur faveur, et ils le savent. Est-ce que je pèse bien lourd, moi, Stéphanie, avec mon salaire d'institutrice face à UCB Pharma et ses 3,6 milliards de chiffre d'affaires ? Je fais ce que je peux, comme d'autres courageuses victimes avant moi. Il aura fallu attendre 2006, au terme de quinze ans de procédures, pour que la Cour de cassation établisse enfin la responsabilité des laboratoires dans deux affaires, en affirmant qu'ils avaient connaissance des méfaits du DES alors même qu'ils poursuivaient activement la distribution. Et c'est trois ans plus tard, le 24 septembre 2009, dans un autre dossier, que cette même cour a rendu un arrêt capital qui renverse la charge de la preuve au profit de la victime : si une jeune femme justifie avoir été exposée au DES, c'est désormais à chaque laboratoire – ils ne sont que deux en France, UCB Pharma et Novartis – de démontrer que son médicament n'est pas en cause. Reste que la route est longue pour qui veut assigner. Combien de victimes ont préféré abandonner ? Beaucoup. En cinq ans, mes démarches à moi ont à peine avancé à cause de batailles de procédures. Il faut tenir bon et je tiendrai.

Mais je rêve souvent, je ne le cache pas, que tout soit plus simple. Que l'on mette fin à ces batailles interminables. Nos histoires sont assez douloureuses comme cela. Et si on sortait des codes de procédure, de la technocratie juridique pour redonner un visage humain à cette justice ? Je rêve, parfois, que les laboratoires admettent leurs erreurs passées et nous aident davantage à comprendre la multiplicité de nos pathologies, à mieux vivre avec le DES. « Le patient est au cœur de nos préoccupations », affirme UCB Pharma sur son site. Vraiment ? Les choses pourraient être tellement plus simples pour les victimes, comme le démontre l'exemple des Pays-Bas : là-bas, la mobilisation a abouti à la création d'un fonds d'indemnisation de 35 millions d'euros financé par les laboratoires, en accord avec les assureurs et les associations, pour dédommager les victimes, en fonction de leurs préjudices, et sans qu'il soit forcément nécessaire de saisir la justice.

*

J'ai également écrit ce livre pour les pouvoirs publics, encore bien frileux sur la question. En 2007, un sénateur, Jean-Pierre Sueur, a suggéré à Roselyne Bachelot, alors ministre de la Santé, de la Jeunesse et des Sports, de suivre l'exemple hollandais plutôt que de contraindre les victimes à engager des procédures judiciaires longues, lourdes et coûteuses. La réponse du ministère, publiée dans le *Journal officiel du Sénat*, s'est bornée à rappeler l'existence de la « loi de financement de la Sécurité sociale » de 2005, qui a permis d'aménager le congé maternité des « filles DES » qui ont la chance de vivre une grossesse ! Pour les autres, rien. Et pour ce qui est d'une indemnisation, « ces femmes peuvent engager la responsabilité des laboratoires qui ont fabriqué le DES, seuls responsables de leurs préjudices », se défausse le ministère !

Cette réponse m'a tellement choquée que j'ai envoyé un long courrier, adressé directement à Roselyne Bachelot, pour solliciter une entrevue : « Madame la ministre, les familles des victimes décédées, les victimes souffrant de cancers, de stérilités irrémédiables, de malformations nécessitant des interventions douloureuses, les femmes ayant subi des fausses couches multiples ne peuvent se satisfaire d'une telle réponse, qui ne s'adresse qu'aux plus "chanceuses" d'entre nous. » En plus de lui faire part de mon profond désaccord sur la réponse tiède de l'État, je me suis permis quelques rappels historiques qui, je l'espérais, allaient la sensibiliser : « Le diéthylstilbestrol a été interdit en France en cas de grossesse en 1977, alors qu'aux États-Unis il était interdit depuis 1971, soit six longues années dévastatrices plus tôt. En 1953, des études évoquaient déjà la nocivité de cette molécule sur certains animaux. »

Roselyne Bachelot a pris connaissance de mon courrier « avec la plus grande attention », écrit-elle, mais les contraintes de son emploi du temps ne lui permettent pas de me rencontrer, « ce qu'elle regrette vivement ». Dommage, parce que la ministre, docteur en pharmacie, a même été propriétaire d'une officine. Son avis sur notre affaire m'aurait beaucoup intéressée… Elle nous a néanmoins proposé de rencontrer une conseillère. Celle-ci, en plus de nous faire perdre notre temps – même si elle ne nous a accordé que quinze minutes –, a juste réussi à nous irriter davantage. Nous avons rencontré une femme pressée qui n'avait absolument pas préparé le dossier et n'avait pas la moindre idée des enjeux. Après quelques politesses d'usage, et en nous poussant vers la porte, cette conseillère nous a lancé avec aplomb que, de toute façon, nous étions « sauvés » grâce à la loi Kouchner de 2002 et à la création de l'Oniam, l'Office national d'indemnisation des accidents médicaux. Or, Damien et moi connaissons parfaitement ces dispositions, et nous savons, comme tout le monde, que cette loi n'est pas rétroactive !

Je m'étonne qu'on nous traite avec autant de désinvolture. L'État, qui se dédouane volontiers sur les laboratoires, ignore-t-il que de nombreuses victimes, exaspérées, ont songé à porter plainte contre lui ? Certes, l'industrie pharmaceutique est coupable, en ceci qu'elle a manqué de vigilance. Mais l'État n'a-t-il pas un peu tardivement exercé sa surveillance ? J'avais apprécié la réaction d'Émile Papiernik-Berkhauer dans le documentaire de Stéphane Mercurio : « Que les laboratoires pharmaceutiques qui font la promotion de ce médicament en fassent la promotion malgré la démonstration scientifique que le médicament ne sert à rien me paraît à moi totalement anormal, observe le médecin. Mais ce qui est tout aussi anormal, c'est qu'on ne l'interdit pas, ajoute-t-il. On ne l'interdit pas parce qu'à l'époque nous n'avions probablement pas la mécanique administrative. » Responsable mais pas coupable ? Pendant six longues années ? Dans ce scandale du Distilbène, il est grand temps que l'État prenne sa part de responsabilité. Malgré son interdiction tardive, le DES pèse encore comme une épée de Damoclès au-dessus de la tête de nombreuses victimes, voire de leurs enfants. Selon une étude américaine récente de l'école de médecine de l'université Yale, l'exposition au Distilbène pourrait aussi augmenter le risque de cancer du sein chez l'enfant devenu adulte. Quand cela finira-t-il ? Chez certains animaux, les effets du DES se font sentir sur plusieurs générations. Le ministère de la Santé pourrait nous aider s'il s'en donnait les moyens.

Parce qu'on ne se débarrassera pas de cette affaire si facilement, je le crains. J'ai reçu récemment la visite d'une équipe de l'Inra, l'Institut scientifique de recherche agronomique, mandatée par le ministère de l'Environnement pour rédiger un rapport sur des perturbateurs endocriniens, c'est-à-dire toutes les molécules susceptibles de troubler notre équilibre hormonal. Ces chercheurs ont attentivement écouté mon histoire et m'ont confirmé que le bisphénol A contenait une molécule très proche de celle du DES ! Heureusement, en mars 2010, le Sénat a adopté une proposition de loi visant à interdire la vente de biberons contenant ce composant chimique. C'est un bon début. Comme beaucoup de mamans, moi aussi j'ai failli acheter des biberons contenant du bisphénol A, avant de me raviser à cause de la polémique croissante sur ses effets.

Nous devons être vigilants. Tous ensemble.

*

J'ai écrit ce livre pour rappeler aux autres victimes qu'on peut se battre si on en a l'envie et les moyens. Qu'on peut se battre pour devenir mère, grâce à la procréation médicalement assistée et à l'adoption. Mais qu'on peut se battre pour obtenir justice, également. Moi aussi, j'aurais pu renoncer maintenant que j'ai adopté ce petit garçon que j'aime par-dessus tout. Mais ce bonheur, aussi intense soit-il, n'efface ni ce que j'ai vécu ni ce qu'endurent encore des milliers d'autres femmes. Sur ce point, je suis une fille assez rancunière – ou obstinée, selon le point de vue. Avec mon histoire, j'ai voulu témoigner du fonctionnement de la justice, long, certes, mais payant, si on a un dossier suffisamment solide et si on sait comment procéder. Parce que d'autres femmes se sont courageusement battues avant nous, le droit commence à être favorable aux victimes. Ce n'est pas le moment de laisser tomber.

*

J'aurais pu tourner la page. Car cette année, à 36 ans, j'ai célébré ma première vraie fête des Mères. Pour l'occasion, Romain, un peu aidé par son père, m'a offert un collier de nouilles et un dessin. J'en ai pleuré. Ma vie est belle aujourd'hui. Je suis heureuse avec mon mari, mon fils et Anaëlle. Cependant ce bonheur reste incomplet. Nous avons toujours voulu une famille nombreuse. Pourquoi Romain n'aurait-il pas droit lui aussi à un petit frère ou à une petite sœur comme tant d'autres ? Pourquoi serais-je privée d'autres enfants ? L'assistante sociale de notre département l'a bien compris. Très vite, nous avons obtenu un nouvel agrément pour adopter un second enfant. Mais la route sera longue et incertaine, je le sais.

En attendant que ce deuxième rêve se réalise, je profite de mon fils. Chaque instant est précieux à mes yeux. J'ai hâte de vivre les prochaines années avec lui et de le regarder grandir. Bientôt il entrera à l'école.

Et puis viendra un jour où mon fils trouvera ce livre, sur une étagère, à la maison, ou chez des amis. Il reconnaîtra la photo de sa maman en couverture et me demandera ce que c'est que cette histoire. Je ne sais pas quel âge il aura. L'âge, sans doute, d'apprendre certaines choses de la vie.

Chapitre 15

Une histoire expliquée à mon fils

> « Parfois, même si un papa et une maman kangourou s'aiment très fort, ils n'arrivent pas à remplir la poche de la maman kangourou. Et ils sont bien malheureux de ne pas avoir un petit kangourou pour le câliner… »
>
> Jean-Vital de Monléon, *Les Deux Mamans de Petirou*

Doucement, j'ai entrebâillé la porte de ta chambre. Je t'ai entendu t'agiter dans le Baby Phone. Ce soir encore, tu as du mal à trouver le sommeil, on dirait. Impossible de te coucher, tu ne veux pas rester allongé dans ton lit. Sans cesse tu te relèves et tu tends les bras vers moi en disant « maman ». Je sais que si je ne te serre pas contre moi tu vas te mettre à pleurer. Tu blottis ta petite tête contre moi, tes bras enlacés autour de mon cou. Je te berce. Je te regarde fermer les yeux en te caressant tendrement les cheveux. Tu as toujours eu beaucoup de mal à t'endormir tout seul. À l'orphelinat, au Vietnam, tu dormais avec ta nounou et les autres enfants. Depuis, tu as besoin de me sentir contre toi pour trouver le sommeil. C'est notre moment à nous. Je crois que je ne m'en lasserai jamais.

Souvent, dans la pénombre de ta chambre, je pense à ce long chemin parcouru pour arriver jusqu'à toi, à tous ces moments dont j'ai bien failli être privée. J'ai tellement pensé à toi avant de te connaître. À nous aussi. J'ai imaginé quel enfant tu serais mais surtout quelle maman je t'offrirais. J'ai lu de nombreux ouvrages sur la psychologie de l'enfant, c'est un sujet qui m'a toujours passionnée. Maintenant que tu es là, je me suis même abonnée à la revue *Grandir autrement,* un magazine qui promeut une parentalité à l'écoute des enfants.

Chaque instant passé avec toi est une découverte et la récompense d'un long combat. Tu adores la musique. Pendant nos dernières vacances, à Nice, tu as trouvé une radio en forme de juke-box. Dès qu'elle est allumée, tu te lances dans une danse endiablée en tapant du pied et tu nous prends par la main pour t'accompagner ! Je souris en revivant chaque geste, chaque mot, chaque rire. Tu vas avoir deux ans, tu grandis si vite. Tu commences même à savoir compter aussi ! C'est devenu un petit jeu entre nous : quand je dis « un, deux, trois », tu cries « quatre » et tu éclates de rire.

Je m'émerveille d'un rien, je le sais. Je suppose que toutes les jeunes mamans connaissent ce sentiment. Et moi peut-être plus que les autres. J'ai été privée d'une grossesse, certes, mais aussi des neuf premiers mois de ta vie. Alors je ne veux pas perdre une miette des heures, des jours, des semaines que nous allons passer ensemble. Après six mois de congé parental, à notre retour du Vietnam, j'aurais dû retrouver mon travail. Mais je n'ai pu me résoudre à reprendre le chemin de l'école. J'ai prolongé mon congé, mes élèves attendront. Pour l'instant, je ne veux me consacrer qu'à toi, mon petit garçon, mon fils pour la vie.

Grâce à toi, je suis devenue maman. Damien a un fils et Anaëlle, un petit frère. Enfin. Ton arrivée, nous en avons tous tellement rêvé ! Quand je t'ai pris dans mes bras, à l'orphelinat, les premiers gestes me sont venus naturellement. Ce sont des réflexes que l'on n'apprend pas dans les livres. J'ai beaucoup réfléchi à cette question. C'est quoi, finalement, être mère ? La maman, c'est celle qui veille sur son enfant, connaît ses besoins, écoute ses attentes, l'aide à grandir. L'instinct maternel, c'est aussi cela, non ? À présent, tu pourras toujours compter sur moi pour te consoler quand tu es triste, te lire des histoires, te faire à manger, t'emmener au parc, jouer avec toi, t'apprendre des choses, te câliner, t'aimer. On peut devenir mère sans porter le bébé dans son ventre. Pour moi, une maman, c'est une promesse : celle d'aider un enfant à grandir.

Avec ton père, nous nous projetons souvent dans les années à venir. Nous t'imaginons dans un an, deux ans, trois ans… Bientôt, tu feras ta première rentrée en maternelle. Idéalement, je souhaite t'inscrire dans une école Montessori, qui éveille l'enfant à la vie sociale tout en respectant son individualité. Toujours je veillerai à ce que tu puisses t'épanouir. Ton papa comme moi veillerons à ce que tu puisses grandir en étant heureux. Un jour, peut-être, tu poseras les premières questions sur ton histoire. Nous y sommes préparés. À la maison, avec toi, parfois nous parlons du Vietnam, de ce jour où nous avons pris l'avion pour venir te chercher. Tu regardes souvent les photos que nous avons prises là-bas. Bientôt, nous feuilletterons ensemble le « livre de naissance » que nous avons commencé à remplir quand tu es entré dans notre vie. Ce bel ouvrage intitulé *Tant espéré, tant attendu* a été conçu sur mesure pour les parents adoptants. Les premières pages traditionnellement réservées aux échographies ont été supprimées au profit d'une belle mappemonde. Un jour, tu sauras situer le pays d'où tu viens, à défaut d'être sorti de mon ventre. Nous avons aussi commencé à rédiger un blog quand nous sommes allés te chercher au Vietnam pour que tu puisses revivre à ton tour, dans quelques années, les plus beaux jours de mon existence. Ce pays fera toujours partie de toi, de moi, de nous. Comment l'oublier ? Les murs de notre appartement sont couverts de photos que nous avons prises là-bas. Nous en parlons souvent, notamment quand nous voyons les parents de Maëlys, qui a été adoptée en même temps que toi. Pour prolonger ce lien, nous avons même demandé à Frédéric, son papa, d'être ton parrain. Je dois tant à ce pays. Nous retournerons à Hanoi, c'est certain. Ce sera un voyage joyeux et initiatique. Et si jamais il remue certaines questions en toi, j'ai conservé sur le haut d'une armoire un épais dossier avec tous les documents administratifs dont nous disposons, en vietnamien et en français. Si tu en ressens le besoin, tu y trouveras, le moment venu, les rares informations qui ne regardent que toi sur les circonstances de ton abandon.

Comment raconter à un enfant qu'il a été adopté ? Le plus simplement du monde. Un jour, tu seras assez grand pour entendre cette belle histoire qui nous unit aujourd'hui pour toujours. Quand le moment viendra, ton papa et moi te lirons *Les Deux Mamans de Petirou.* Ce joli récit a été écrit par Jean-Vital de Monléon, un spécialiste de l'adoption. De ce livre, qui traîne déjà sur la table basse du salon, tu ne connais pour l'instant que les images. Des mamans kangourous et des bébés kangourous qui t'intriguent beaucoup. Bientôt, tu comprendras. Ces marsupiaux racontent une belle leçon de vie : « Parfois, même si un papa et une maman kangourou s'aiment très fort, ils n'arrivent pas à remplir la poche de la maman kangourou… » Un jour tu comprendras que cette histoire est également la nôtre. « Parfois, il y a aussi des mamans kangourous qui ont tellement de petits kangourous qu'elles n'ont plus assez de place dans leur poche. Elles aiment bien tous leurs petits kangourous, mais il n'y a vraiment plus de place et elles préfèrent alors les confier à une autre maman. » Chez nous, l'adoption ne sera jamais un sujet tabou. Au contraire, c'est une belle aventure.

Comme ta maman, tu vas grandir au milieu des livres. Jusqu'au jour où tu t'interrogeras sur ce drôle d'ouvrage avec la photo de ta mère en couverture. Étrange : qu'est-ce que la tête de maman vient faire là ? Je t'expliquerai alors que c'est mon livre, celui que j'ai écrit, jadis. Au début, je te dirai que c'est un autre récit où il est question de la « poche de la maman kangourou », mais qu'il est destiné aux grandes personnes. Tu t'habitueras à le voir. Et quand tu sauras lire, peut-être me demanderas-tu : « Maman, c'est quoi une "fille Distilbène" ? » L'heure sera venue de te répondre. Cette question, je m'y attends et je m'y prépare déjà. Avec ton père, nous nous assiérons sur le canapé rouge du salon. Je te prendrai la main et j'essaierai de te résumer les choses, comme nous l'avons toujours fait, le plus simplement possible. Je t'emmènerai sur le chemin de ma vie. Je te raconterai la route sinueuse qui m'a menée jusqu'à toi. Avec des calvaires qui surgissent sur les bas-côtés, puis disparaissent dans un champ de fleurs. Une succession de moments de détresse et d'instants de bonheur absolu. C'est la vie. La mienne, du moins.

Disons qu'une mauvaise fée s'est penchée sur mon berceau… Je t'expliquerai que le Distilbène est un vilain médicament que ta grand-mère a pris quand j'étais dans son ventre. Qu'il a abîmé le ventre de ta maman. Et qu'à cause de cela j'ai été très triste, pendant très longtemps. Quand j'étais petite, je voulais déjà plein d'enfants. Je souhaitais en porter, mais aussi en adopter, déjà. Je ne veux surtout pas que tu imagines que tu « remplaces » le bébé que je n'ai pas porté. Sans le Distilbène, bien sûr, j'aurais quand même voulu que tu sois mon fils. Avec le Distilbène, je l'ai certainement voulu encore plus fort. À cause de toute mon histoire, je me dis souvent que je t'aime davantage que si je t'avais porté. Je ne pensais même pas que c'était possible ! Tu verras dans ce livre, qui t'est dédié, à quel point je t'ai désiré, attendu. Combien ce rêve a été long à exaucer, jusqu'à ce jour merveilleux où j'ai enfin pris l'avion pour te ramener du Vietnam.

Si je ne suis plus triste, il m'arrive encore de pleurer. De joie, parce que je suis emplie d'un bonheur immense, inespéré. À cause du DES, j'ai attendu tellement longtemps le bonheur d'être mère ! Mais, en même temps, il m'arrive aussi de refouler des larmes de colère. Je refuse d'oublier que d'autres femmes continuent de se battre. Ou, pire, ont fini par renoncer. Même quand tu seras grand, je continuerai à lutter pour cette cause, pour les autres, inlassablement. Cette promesse, je la leur fais à elles, et j'espère que tu la comprendras. C'est la raison pour laquelle j'ai créé l'association Les Filles DES : pour donner toutes sortes d'informations à ceux qui en ont besoin. Tu apprendras un jour que beaucoup de personnes en France et dans le monde ont souffert comme ta maman. Beaucoup d'autres femmes ont le ventre cassé. Certaines ont d'autres problèmes encore. Si elles le souhaitent, je peux leur donner des renseignements utiles. Je peux aussi les aider à expliquer leur souffrance devant un tribunal qui condamnera peut-être ceux qui leur ont fait du mal. Ce serait trop facile de renoncer maintenant alors que les responsables de ce drame n'ont pas été punis.

De ce livre, j'aimerais que tu retiennes deux choses essentielles. Que je t'aime, c'est une évidence. Mais aussi que ton papa et moi voulons t'élever avec de belles valeurs, dans un monde où on fait attention à soi, aux autres. Où un laboratoire ne donne pas n'importe quoi à n'importe qui. Je veux t'apprendre aussi qu'il existe une justice, que c'est une belle idée et qu'elle doit être accessible à tous. À cause de ce médicament, je ne suis pas exactement la maman que j'aurais voulu être. Je n'ai pas rêvé d'élever un fils unique. J'espère de tout cœur que nous pourrons adopter un autre enfant. Ton père et moi avons obtenu l'agrément pour adopter un deuxième enfant en mars 2010. Depuis, nous avons écrit à des organismes agréés dans le Val-de-Marne où nous habitons. Jusqu'ici, nous n'avons reçu que des réponses négatives. J'essuie ces refus plus facilement maintenant que j'ai un petit garçon à la maison. Ce n'est pas très facile pour autant. Pourquoi tu n'aurais pas le droit, toi aussi, comme beaucoup de tes petits copains, aux joies d'être grand frère ? Quand tu liras ces lignes, notre famille se sera peut-être agrandie. C'est aujourd'hui mon vœu le plus cher, pour moi, pour nous. Et peut-être qu'à ton tour, un jour, tu raconteras à ton petit frère ou à ta petite sœur pourquoi ta mère n'est pas une maman comme les autres.

C'est un peu compliqué à expliquer pour un petit garçon. Mais pour une grande personne aussi, tu sais…

Paris, août 2010

Remerciements

Sans eux, ni mon combat ni ce livre n'auraient été possibles.

J'aimerais remercier chaleureusement tous ceux qui m'ont aidée dans mes différentes démarches. Merci à mon avocate, Martine Verdier, de nous défendre avec autant d'enthousiasme, moi et tant d'autres. Merci à mes « copines DES » et aux bénévoles des associations qui aident, chaque jour, les victimes à se sentir moins seules. Merci aux médecins et aux journalistes qui ont permis de relayer des informations importantes sur ce sujet douloureux, et souvent complexe. Merci à mon éditeur, qui, en publiant ce livre, va nous permettre de sensibiliser encore davantage de monde à l'ampleur de ce scandale sanitaire.

Et, bien sûr, un remerciement tout particulier à l'organisme qui m'a accompagnée vers l'adoption de mon petit garçon, et au Vietnam qui m'a enfin permis de devenir maman.

Annexes

Associations et sites internet

Les Filles DES

Association créée par des filles victimes du Distilbène en désir d'enfant pour informer les victimes sur divers sujets (risques encourus, procréation médicalement assistée, adoption, procédures judiciaires).
Contact : stefania@lesfillesdes.com – www.lesfillesdes.com

Agence française pour l'adoption (AFA)

Partenaire des départements, interlocuteur des pays étrangers ouverts à l'adoption, l'Agence française de l'adoption (AFA) a pour mission d'informer, de conseiller et d'accompagner les familles qui feront appel à ses services afin de leur éviter au maximum les nombreuses difficultés qu'elles risquent de rencontrer.
19, boulevard Henri-IV, 75004 Paris – www.agence-adoption.fr

Association Syndrome de Rokitansky
Les objectifs de l'association sont d'accompagner les jeunes filles et femmes atteintes par cette malformation, ainsi que leurs proches, tout au long de leur parcours tant au niveau psychologique que médical.
133, rue de la Santé, 75013 Paris – www.asso-mrkh.org

Comité de soutien pour la légalisation de la GPA et l'aide à la reproduction assistée (Clara)
Espace d'échanges et de débats sur les aspects juridiques, médicaux et psychosociaux de la GPA (gestation pour autrui).
283, rue des Pyrénées, 75020 Paris – http ://claradoc.gpa.free.fr

Enfance & familles d'adoption (EFA)
Fédération de 92 associations départementales, regroupant 10 000 familles, c'est le premier mouvement de l'adoption en France. Il est l'interlocuteur privilégié des pouvoirs publics en matière d'adoption.
221, rue La Fayette, 75010 Paris – www.adoptionefa.org

Groupe régional d'action contre l'endométriose (Grace)
Pour plus d'informations sur l'endométriose ou simplement pour trouver soutien et solidarité.
14, rue des Dauphins, 34140 Meze – www.grace.asso.fr

Halte aux hormones artificielles pour les grossesses (Hhorages)
Association qui réfléchit au lien entre la prise d'hormones de synthèse lors des grossesses et tous les troubles générés, à plus ou moins long terme, chez les enfants issus de ces grossesses.
7, allée des Dahlias, 93700 Drancy – www.hhorages.com

Le blog de l'adoption
Blog du docteur de Monléon, pédiatre au CHU de Dijon, à l'origine de la première consultation spécialisée en adoption.
http ://leblogdeladoption.blogspot.com

Les Enfants Kdos
Association et lieu d'échanges sur le don de gamètes, le don d'ovocytes, le don de sperme, entre couples donneurs et receveurs.
2, route d'Authumes, 71270 Fretterans – www.enfantskdos.fr

Magicmaman.com
Site internet présentant un forum de discussion très nourri sur le DES et les problèmes de procréation.
http ://forum.magicmaman.com/conception/filles-des/liste_sujet-1.htm

Maia

Association pour le soutien des couples infertiles : adoption, don d'ovocytes, FIV, gestation pour autrui, insémination artificielle. Permanences et groupes de parole partout en France détaillés sur le site.
www.maia-asso.org

Réseau DES France

Association créée par des « mères DES », une des premières associations de victimes.
37, rue d'Amsterdam, 75008 Paris – www.des-france.org

Wiki Adoption

Si vous avez des questions sur l'adoption, voici le site à connaître de l'association Cœur Adoption. Très complet, un véritable mode d'emploi. http ://coeuradoption.org/wiki/doku.php

Livres et film

Adoption d'enfants nés ailleurs : des réponses aux questions que se posent les parents adoptifs, de Fanny Cohen Herlem, Pascal, 2008.

DES Action : From Anger to Action, de Pat Cody, publié aux États-Unis par son association en 2008.

Le Distilbène, trente ans après, sous la direction de Bernard Blanc, Florence Bretelle et Aubert Agostini, Springer, 2007.

Le Guide Marabout de l'adoption, de Janice Peyré, Marabout, 2009.

Les Deux Mamans de Petirou, de Jean-Vital de Monléon et Rebecca Dautremer, Gautier-Languereau, Hachette Jeunesse, 2001.

Mort in vitro, de Martin Winckler, Pocket, 2004.

Naître là-bas, grandir ici : l'adoption internationale, de Jean-Vital de Monléon, Belin, 2003.

Pour que l'enfant paraisse, d'Anne Cabau, Flammarion, 1990.

Puisque les cigognes ont perdu mon adresse, de Laurence Boccolini, Plon, 2008.

Sans principe ni précaution, documentaire de Stéphane Mercurio et Catherine Sinet, Iskra-Arte France, 2002. Existe en DVD et accessible sur le site http ://www.filmsdocumentaires.com/films/547-sans-principe-ni-precaution-le-distilbene.

Saskia ou le deuil d'un bébé Distilbène, d'Anne-Françoise Lof, Frison-Roche, 2000. Témoignage sur une naissance survenue trop tôt à cause du DES.

Un bébé mais pas à tout prix, de Brigitte-Fanny Cohen, J'ai lu, 2004.

Vouloir un enfant, de René Frydman, Marcel Rufo et Christine Schilte, Hachette Pratique, 2010.

Table

CET OUVRAGE
A ÉTÉ ACHEVÉ D'IMPRIMER
SUR ROTO-PAGE
PAR L'IMPRIMERIE FLOCH
À MAYENNE EN OCTOBRE 2010

N° d'impr. : 77688.
D.L. : octobre 2010.
(Imprimé en France)